HAYMON taschenbuch 55

Auflage:
4 3
2014 2013 2012 2011

HAYMON tb 55

Aktualisierte Taschenbuchausgabe
Haymon Taschenbuch, Innsbruck-Wien 2011
www.haymonverlag.at

ISBN 978-3-85218-855-3

Umschlag- und Buchgestaltung, Satz:
hoeretzeder grafische gestaltung, Scheffau/Tirol
Coverfotos: oben: www.picturedesk.com, Manfred Klimek
unten: wikimedia, Herbert Ruhdorfer, submitted by
Red Bull Hangar-7 GmbH
Autorenfoto: privat

Gedruckt auf umweltfreundlichem,
chlor- und säurefrei gebleichtem Papier.

Wolfgang Fürweger

Die Red-Bull-Story

Der unglaubliche Erfolg des
Dietrich Mateschitz

Wolfgang Fürweger

Die Red-Bull-Story

Für Ida, Emma und Eva

Inhalt

Einleitung

Anfang Februar 2006 versetzte eine Meldung der *Austria Presse Agentur (APA)* die heimischen Wirtschaftsredaktionen und wahrscheinlich nicht nur diese in helle Aufregung: Die *PepsiCo Inc. (Pepsi-Cola)* wolle Red Bull übernehmen. Laut einem Bericht der Wiener Nachrichten-Illustrierten *News* hätte der börsennotierte Getränke-Riese aus den USA dem Energydrink-Konzern aus Salzburg 6,7 Milliarden Dollar geboten. Als Hintergrund wurde sofort die starke Stellung von Red Bull auf dem amerikanischen Markt vermutet: 2005 hatte die zuckerfreie Version des angeblich Flügel verleihenden Getränks in puncto Verkaufszahlen zum ersten Mal die Diät-Versionen von *Pepsi-Cola* und *Coca-Cola* überholt. Insgesamt beherrschte Red Bull zu diesem Zeitpunkt rund die Hälfte des Energydrink-Markts in den USA.

Die vermeintliche Sensation erwies sich jedoch als Ente. Das Dementi von Red Bull kam postwendend und scharf: „Unter vielen Unsinnigkeiten, die uns medial in unserer 18-jährigen Unternehmensgeschichte zu Ohren gekommen sind, nimmt diese eine Spitzenposition ein. Die Unsinnigkeit dieser Meldung ist wohl nicht mehr überbietbar und nimmt schon ‚kabareske' Züge an. Der Wahrheitsgehalt der Meldung ist null. Herr Mateschitz hat in den letzten 10 oder 15 Jahren weder jemanden von Pepsi gesehen noch gesprochen noch irgendwelche diesbezüglichen Gespräche mit wem auch immer geführt."

Die Medien taten, als wäre nichts gewesen, und gingen zur Tagesordnung über. Dennoch blieb eine Frage unbeantwortet: Was ist das für ein Unternehmen, das einen mächtigen US-Konzern so das Fürchten lehrt, dass man diesem zutraut, er würde sich die Konkurrenz aus Österreich mit viel Geld vom Hals oder vielmehr vom Markt schaffen?

Das Unternehmen Red Bull und sein Gründer wurden genauso oft in den Himmel gehoben wie kritisiert. Für die einen ist Dietrich Mateschitz ein genialer Marketing-Stratege und Unternehmer, der fast so etwas wie den amerikanischen Traum verkörpert: vom Angestellten zum Milliardär – und das nur mit einer einzigen zündenden Idee. Für die anderen ist er die Personifizierung einer verachtenswerten hedonistischen Gesellschaft, die außer Fun, Beauty und Wellness keine Werte kennt.

Wie auch immer man zu Dietrich Mateschitz steht, Tatsache ist: Er hat es geschafft, binnen weniger Jahre einen global agierenden Konzern aus dem Boden zu stampfen. Begonnen hat die Erfolgsgeschichte – die offizielle Firmenlegende will es so – an der Bar des Hotels *Mandarin Oriental* in Hongkong. Dort soll der spätere Großunternehmer zum ersten Mal von einem Energydrink gehört haben. Mittlerweile ist Red Bull neben dem Tiroler Optik- und Kristallkonzern *Swarovski* und dem Süßwaren-Produzenten *Manner* aus Wien die dritte und die bei weitem größte österreichische Weltmarke im Konsumgüter-Bereich. Dietrich Mateschitz ist einer der wenigen Österreicher, die es auf die Liste der reichsten Menschen der Erde geschafft haben, die das Wirtschaftsmagazin *Forbes* jährlich veröffentlicht. 2010, so schätzte die Zeitschrift, konnte er 4,1 Milliarden Dollar sein Eigen nennen. Sein Vermögen dürfte in den kommenden Jahren noch kräftig wachsen. Derzeit trinken statistisch gesehen fast zwei Drittel aller Erdenbewohner zumindest einmal im Jahr Red Bull – Tendenz: steigend. Während dieses Buch entstand, schickte sich das Dosen-Imperium an, seine letzten weißen Flecken von der Weltkarte zu tilgen. Dabei begann der internationale Aufstieg von Red Bull – und daran sieht man, wie schnell man vergisst und etwas für selbstverständlich erachtet – erst Ende der Neunzigerjahre.

In Verbindung gebracht wird das Imperium des Dietrich Mateschitz vor allem mit dem Energydrink *Red Bull* – jenem picksüßen Getränk in der hohen, schlanken Dose, das binnen weniger Jahre in allen Teilen der Welt Kultstatus erreichte. Die Aufputsch-Brause ist aber nur ein Teil im großen Wirtschaftsreich des gebürtigen Steirers kroatischer Abstammung: Mateschitz hat in den vergangenen Jahren rund um seine erfolgreiche Marke einen breit aufgestellten Marketing-, Sport-, Freizeit- und Medien-Konzern geschaffen: Formel 1, Fußball, Eishockey, Flugshows, Wellness-Getränke, Gastronomie, Hotels, Fernsehen und Verlagswesen sind weitere Bereiche, in denen das berühmte Logo mit den beiden aufeinander losstürmenden roten Stieren auftaucht. Seit einigen Jahren wird Salzburg international nicht mehr nur mit Mozart, Festspielen und dem Film *The Sound of Music* bzw. der Trapp-Familie in Verbindung gebracht, sondern immer häufiger auch mit Red Bull.

Wer Erfolg hat, über den wird geredet und geschrieben: Über den Gründer von Red Bull gibt es unzählige Meldungen, Mateschitz hat zahlreiche Interviews für Zeitungen und Zeitschriften gegeben. Im Radio und Fernsehen hat man ihn bisher übrigens so gut wie nie gehört. Seine Leidenschaft für Flugzeuge ist genauso bekannt wie sein Marketing-Talent, das in Form von beeindruckenden Bilanzzahlen auf der Hand liegt. Kaum jemand weiß jedoch etwas über den Menschen Dietrich Mateschitz, über seine Ausbildung, seinen Berufsweg bis zur Gründung von Red Bull im Jahr 1984, sein Netzwerk, seine Ansichten und sein Privatleben, über das selbst ein Jetset-Konzernchef noch verfügt, wenn auch in eingeschränktem Maße. Und kaum jemand hat bei all den Meldungen über die Eroberung neuer Märkte, die Gründung neuer Tochterfirmen und die Übernahme bestehender Unternehmen oder Vereine noch einen Überblick über die Entwicklung von Red Bull behalten.

Dieses Buch hat es sich zum Ziel gesetzt, Licht in dieses Dunkel zu bringen. Es will Einblicke in die Welt des Dietrich Mateschitz und in sein Imperium geben, die weit über das hinausgehen, was bisher veröffentlicht wurde. Allerdings machte es der Red-Bull-Gründer dem Autor nicht gerade einfach: Ein Angebot zur Zusammenarbeit wurde von der persönlichen Assistentin des Konzernchefs in dessen Namen höflich, aber bestimmt abgelehnt: „Herr Mateschitz hat weder Interesse an einer autorisierten Biografie noch an einer Case-History über Red Bull.“ Jedes weitere Gespräch mit dem Autor wurde rundweg abgelehnt.

Auch wenn sich Red Bull und Dietrich Mateschitz als völlig unkooperativ erwiesen haben, lag es nicht im Interesse des Verfassers, ein Schwarzbuch über den Konzern und seinen Gründer zu schreiben. Er wollte aber auch nicht in den vor allem in Salzburg allgegenwärtigen medialen Lobgesang auf Red Bull einstimmen. Kritik am Energydrink-Konzern wird, wenn überhaupt, nur im persönlichen Gespräch und dann häufig hinter vorgehaltener Hand geäußert.

Ziel des Autors war es, die Geschichte eines der weltweit erfolgreichsten Unternehmen der vergangenen Jahre und die seines Gründers so nachzuzeichnen, wie sie sich dem neutralen Beobachter darstellt. Vor allem wollte er ein Gesamtbild schaffen, in das die einzelnen Teile wie die persönlichen Leidenschaften, Eigenschaften und Marotten des Dietrich Mateschitz genauso passen wie der Einstieg seines Konzerns in die Formel 1 oder die Übernahme von vier Fußballklubs in Österreich, Deutschland, den USA und Brasilien. Zu diesem Gesamtbild gehören auch die engen Verbindungen Red Bulls mit anderen führenden europäischen Konzernen, die vor allem aus dem Motorbereich stammen: etwa *Volkswagen* oder dem Motorrad-Hersteller *KTM*, der ebenfalls ein Auto auf den Markt gebracht hat. Die Recherchen zu diesem Buch gestalteten sich wie ein Puzzlespiel: Ständig kam ein weiterer Teil hinzu, lange war nicht abzusehen, was am Ende herauskommt. Schlussendlich präsentierte sich aber ein interessantes Gesamtbild.

Gespräche mit Mateschitz und seinem Umfeld wurden zwar nicht gewährt. Der Autor konnte aber im Zuge seiner Arbeit als Zeitungs- und Fernsehredakteur zahlreiche Hintergrundgespräche mit Personen führen, die mit Red Bull und teilweise auch mit Dietrich Mateschitz persönlich zu tun hatten bzw. früher für das Dosen-Imperium arbeiteten. Dazu standen zahlreiche Sekundärquellen wie Interviews, Artikel und Reportagen zur Verfügung. Außerdem kann ein Unternehmen wie Red Bull nicht tätig sein, ohne öffentlich zugängliche schriftliche Spuren zu hinterlassen. Der Verfasser ist sich des Risikos dieser Methode bewusst und versichert an dieser Stelle, so gewissenhaft wie möglich recherchiert zu haben.

Die Ausgabe dieses Taschenbuchs wurde gegenüber dem 2008 erschienenen Hardcover inhaltlich aktualisiert und entspricht im Wesentlichen dem Stand von Anfang 2011. Seit dem Erscheinen der ersten Auflage fand ein einziges, kurzes persönliches Gespräch zwischen dem Autor und Dietrich Mateschitz statt. In diesem bezeichnete der Red-Bull-Gründer das Erscheinen eines Buches, das er nicht autorisiert hatte, als „Katastrophe“: Genauso gut hätte er ein Buch über den Papst schreiben können. Der Verfasser hat seit dieser kurzen Begegnung Hausverbot im *Hangar 7*. Bis dato gab es keine einzige inhaltliche Anmerkung oder Korrektur zu diesem Buch, das in Österreich über Wochen auf der Bestseller-Liste stand.

Teil I: Der Bulle lernt fliegen

1. Das Dosen-Imperium entsteht

„Für Red Bull gibt es keinen Markt. Wir werden einen schaffen", stand in den ersten Präsentationsbroschüren, die Dietrich Mateschitz Mitte der Achtzigerjahre verteilte. Selten ist in der Welt der Wirtschaft eine großspurige Ankündigung so in die Realität umgesetzt worden wie diese. Red Bull ist bei Erscheinen dieses Buches mit seinem Hauptprodukt gerade einmal 24 Jahre auf dem Markt. In dieser kurzen Zeitspanne hat sich die Firma vom Kleinstunternehmen zum weltumspannenden Konzern entwickelt. Am Anfang des schier unglaublichen Erfolges von Red Bull steht eine Gründungsgeschichte, die sich fast wie ein Märchen liest.

Eine Reise verändert alles

Anfang der Achtzigerjahre war Mateschitz ein agiler, kreativer Diplomkaufmann in den besten Berufsjahren und für den holländisch-britischen Konsumgüterkonzern *Unilever* tätig. Konkret war er Marketing-Direktor der internationalen Division der *Unilever*-Tochter *Blendax* und nicht wie meist geschrieben von *Blendax* Deutschland. 1987 verkaufte *Unilever* dann die Marke *Blendax*, die damals gerade ihren 150. Geburtstag feierte, an den US-Riesen *Procter & Gamble*, der sie auch heute noch besitzt. Aber das war nach dem Ausscheiden des Red-Bull-Gründers und ist daher eine andere Geschichte.

Zurück zu Mateschitz: Sein Jahresgehalt betrug am Ende seines Angestellten-Daseins rund 285.000 Mark (143.000 Euro) – ein Betrag, der sich auch ein Vierteljahrhundert später noch sehen lassen kann. Die Gage war fürstlich, der Job hatte es aber auch in sich: Der umtriebige Manager stand unter ständigem Termin- und Zahlendruck und damit auch unter Stress. Deswegen trug er den Gedanken mit sich herum, sich eines unbestimmten Tages selbstständig zu machen. Er wollte einfach finanziell und vor allem in seiner Zeiteinteilung unabhängig sein.

Sein Büro hatte Mateschitz in der Karnevalshochburg Mainz, beruflich jettete er jedoch drei bis vier Monate pro Jahr rund um den Globus, oft auch in den Fernen Osten. Eine solche Dienstreise in Sachen Zahnpaste, Seife und Haarshampoo sollte im Jahr 1982 nicht nur die Welt des Dietrich Mateschitz, sondern auch den weltweiten Getränkemarkt von Grund auf verändern. Es war an einem schwülen Nachmittag in der Bar des eleganten Hotels *Mandarin Oriental* in Hongkong. Dietrich Mateschitz plauderte mit anderen Handelsreisenden. Es wurde gescherzt, gelacht und auch in einer Ausgabe der Zeitschrift *Newsweek* geblättert. Vor allem ein Artikel erregte damals Heiterkeit: Das Magazin präsentierte ein Ranking der besten japanischen Steuerzahler. In einer Runde von Managern, die allesamt lieber Steuern sparen als zahlen, wurde das Thema als kurios empfunden und belächelt.

Mateschitz blieb aber bei allem Spaß auch ernst: Ihm fiel auf, dass auf Platz eins nicht etwa ein Weltkonzern wie *Sony* oder *Toyota* zu finden war, sondern der ihm völlig unbekannte Industriebetrieb *Taisho Pharmaceuticals.* Dieser war als Produzent eines Getränks namens *Lipovitan* eingetragen. Dem Produkt, so stand zu lesen, werde aufgrund des Inhaltsstoffes Taurin belebende

Wirkung nachgesagt; es werde seit 1963 international erfolgreich vertrieben.

Das Unternehmen mit Hauptsitz in Tokio wurde 1912 gegründet und beschäftigt Ende 2010 an mehr als 20 Standorten weltweit rund 5600 Mitarbeiter. Die Wiege der taurinhältigen Energydrinks ist also Japan. Dort kamen Ärzte während des Zweiten Weltkriegs auf den Gedanken, man könnte Piloten Taurin verabreichen, um ihre Sehkraft zu steigern. Das nutzte zwar nicht allzu viel, als Vorbild waren die waghalsigen Flieger aber allemal gut: Schon wenige Jahre nach dem Krieg waren Energydrinks in Ostasien groß in Mode.

Der damals 38-jährige Mateschitz war fasziniert von der Tatsache, dass man mit so einem Produkt größter Steuerzahler Japans werden kann – immerhin war das Land der aufgehenden Sonne damals die zweitgrößte Volkswirtschaft der Erde. Dahinter konnte also nur eine gigantische Gewinnspanne stecken. Die Aussicht auf eine solche musste das Blut jedes talentierten Verkäufers in Wallung bringen: „Von da an habe ich den Markt beobachtet und alle erhältlichen Drinks dieser Art gekostet", erinnerte sich Mateschitz 1994. Gemeinsam mit anderen Außendienstkollegen veranstaltete er regelrechte Energydrink-Partys, bei denen die aufputschenden Säfte im Selbstversuch verkostet wurden: „Die Wirkung war sensationell. Sogar nach einem 18-Stunden-Flug fühlte man sich sofort wieder wohl."

Der Sprung in die Selbstständigkeit

In dieser Zeit führte eine Geschäftsreise Mateschitz zu einem thailändischen Franchise-Partner des *Unilever*-Konzerns, zum Kosmetikunternehmen *T.C. Pharmaceutical Industries Ltd.* Dieses erzeugte nicht nur Zahnpaste, sondern füllte auch einen Tonic-Drink mit aufputschenden Zutaten ab, der von den Inhaltsstoffen her an *Lipovitan* angelehnt war und sich vor allem bei Lastwagenfahrern und Reisbauern großer Beliebtheit erfreute. Das Getränk hieß *Krating Daeng*, was auf Thailändisch nichts anderes bedeutet als *roter Stier*. Mateschitz, fasziniert vom Produkt Energydrink, brachte in Bangkok bei seinen Verhandlungen über Zahnpasten das Thema auf die Tagesordnung.

Nach ersten Vorgesprächen trat er in direkten Kontakt mit den Eigentümern, dem thailändischen Chemiker und Geschäftsmann Chaleo Yoovidhya und dessen Sohn Chalerm, und erwarb 1984 die Lizenzrechte zum Vertrieb von *Krating Daeng* außerhalb Asiens. Mateschitz übersetzte den Namen des Produkts ins Englische und gründete gemeinsam mit der Familie Yoovidhya die *Red Bull Trading GmbH*. Bereits damals war also klar, dass sich Red Bull zu einem Handels- und Marketing-Unternehmen und keinesfalls zu einem Produktionsbetrieb entwickeln sollte. 1985, im Alter von 41 Jahren, kündigte der Steirer seinen gut dotierten Job bei *Unilever* und wagte damit endgültig den Sprung in die Selbstständigkeit.

An deren Beginn stand eine Kreativphase, in der Mateschitz nichts verdiente, sondern für seine damaligen Verhältnisse enorm viel Geld ausgeben musste. Einerseits galt es, das ursprüngliche Rezept für den europäischen Geschmack und Markt abzuwandeln. Dafür waren zahlreiche Laborversuche notwendig. Am auffälligsten ist die Zugabe von Kohlensäure, die wesentlichen Inhaltsstoffe jedoch blieben gleich, es änderte sich lediglich das Mischungsverhältnis. Andererseits ließ Mateschitz ein Marketing-Konzept entwickeln, das einen erfolgreichen Markteintritt ermöglichen sollte – mehr dazu später. In dieser Phase investierte der Neo-Unternehmer seine gesamten Ersparnisse: 350.000 Euro

(5 Millionen Schilling) – ein Betrag, der für seine heutigen Verhältnisse geradezu rührend ist. Das Geld war, wie die Gegenwart zeigt, ideal angelegt und floss zum größten Teil zuerst in die Entwicklung und später in die Umsetzung des Marketing-Konzepts.

Sitz der *Red Bull Trading GmbH* war ursprünglich Wiesbaden – schließlich war Mateschitz Auslands-Österreicher, der mehrere Jahre bei einem weltweit agierenden Konzern in Deutschland beschäftigt gewesen war. Allerdings fand der Jungunternehmer wenig Unterstützung in seiner Wahlheimat: Die verschiedenen europäischen Rechtssysteme kannten die Kategorie eines Energydrinks noch nicht, Mateschitz musste also die europaweit erstmalige Zulassung für eine neue Art von Genussmittel erwirken. Die Behörden in Deutschland hätten den Wunsch nach Zulassung wie einen unsittlichen Antrag behandelt, ärgerte sich der Red-Bull-Gründer später des Öfteren. Nach mehr als einem Jahr des Zuwartens war noch immer kein Ende des Genehmigungsverfahrens in Sicht. Mateschitz packte in Wiesbaden entnervt seine Koffer und ging nach Österreich. Es ist also der deutschen Bürokratie zu verdanken, dass Red Bull heute ein österreichisches Unternehmen ist.

Österreich am Beginn der „Welttournee"

Ende 1986 kam Mateschitz zurück nach Österreich. Als neuen Unternehmenssitz wählte er Salzburg. Zum einen hielt sich der Red-Bull-Gründer hier schon immer gerne auf, zum anderen war die Mozartstadt als Verkehrsdrehscheibe im Zentrum Österreichs ein idealer Standort. Red Bull siedelte sich in der Alpenstraße an. Hier im Süden der Stadt reiht sich heute ein Firmengebäude an das andere, Mitte der Achtzigerjahre war der Stadtteil gerade erst am Entstehen. Zehn Jahre später zog das Unternehmen nach Fuschl am See um. In diesem 1400-Einwohner-Dorf am Ufer eines kalten und glasklaren Bergsees inmitten des Salzburger Teils des weltberühmten Salzkammergutes befindet sich noch heute die Weltzentrale des Energydrink-Konzerns.

Auch in Österreich musste erst eine Zulassung erreicht werden, allerdings war schon einiges an Vorarbeit geleistet. Als Grundlage für die Genehmigung musste Mateschitz eine umfangreiche Produktdokumentation vorlegen. Diese enthielt ein toxikologisches Gutachten, weiters Unbedenklichkeitserklärungen von verschiedenen Lebensmittelexperten, eine exakte Spezifikation aller enthaltenen Rohstoffe sowie Stellungnahmen von Ärzten, Chemikern, Apothekern und Juristen. Dieses langwierige Ringen mit den verschiedenen Behörden ist wohl der Hauptgrund für die Abneigung gegenüber allen bürokratischen Hemmnissen, die man Mateschitz nachsagt.

Am 1. April 1987 war es dann endlich so weit: Red Bull durfte in Österreich verkauft werden. Die Alpenrepublik war zwar nur eine Ausweichstation, bot jedoch einen Riesenvorteil: Hier konnte das Marketing-Genie Mateschitz sein Konzept in überschaubarem Rahmen testen, bevor er sich anschickte, größere Länder wirtschaftlich zu erobern. Die Geschichte von Red Bull drohte übrigens anfangs eine ganz kurze zu werden. Der Verkauf wollte nämlich nicht so recht anspringen. Mateschitz trug sein Getränk selbst palettenweise aus, um es für Werbezwecke kostenlos unter die Leute zu bringen. In dieser Zeit ging es dem Unternehmen und seinem Gründer finanziell sehr schlecht. Einzig die kleine Privatbank *Spängler* glaubte an das Produkt und das dahinter stehende Konzept und ließ Mateschitz nicht fallen. Heute ist das Salzburger Bankhaus eines der wenigen Unternehmen, das mit Red Bull als Referenzkunden werben darf.

Red Bull begann erst zu florieren, als Barkeeper und Diskotheken-Betreiber davon überzeugt werden konnten, dass es als neuer Bestandteil für Mixgetränke geeignet war. „Koks für Arme" wurde der Energydrink damals bisweilen genannt. Offiziell durfte das Unternehmen diese Linie natürlich nicht vertreten. Noch 1993 fanden Prüfer der Lebensmittelaufsicht in Salzburg offiziell „keine Hinweise" darauf, dass alkoholische Mixgetränke mit Red Bull angeboten würden. Die Beamten räumten aber ein, dass solche Cocktails „bekannt" seien.

Trotz der Startschwierigkeiten konnten im ersten Jahr bereits mehrere hunderttausend Dosen verkauft werden. 1988 stieg die Zahl auf 1,2 Millionen an, 1989 auf 1,7 Millionen. Der Umsatz lag 1987 bei 11 Millionen Schilling (knapp 800.000 Euro). Das klingt zwar für ein Unternehmen im ersten Jahr seiner operativen Tätigkeit nicht schlecht, allerdings wurden im gleichen Zeitraum 14 Millionen Schilling (rund eine Million Euro) ausgegeben – vor allem für Werbung. Erst im dritten Jahr schaffte Red-Bull den Break-even-Point. Seitdem benötigen die Buchhalter von Dietrich Mateschitz keinen Rotstift mehr. Alle folgenden Markteintritte wurden ausschließlich mit Eigenkapital finanziert.

Red Bull ist – so ganz nebenbei erwähnt – eine völlig untypische österreichische Erfolgsgeschichte. Zum einen pflegen Erfinder, und zu dieser Gruppe ist Mateschitz im weiteren Sinn zu zählen, hierzulande erst nach ihrem Tod anerkannt und geehrt zu werden. Zum anderen feierten rot-weiß-rote Unternehmen in der Vergangenheit Erfolge vor allem mit Produkten, in denen ausgefeilte Technik steckt. Österreich war stets ein Land der Ingenieure und nicht der schlauen Kaufleute. Mit seinem Schritt in die Selbstständigkeit ging Mateschitz auch ein großes persönliches Risiko ein: „Wenn die Sache schiefgegangen wäre, würde ich heute unter einer Brücke schlafen", sagte er einmal. Das wirtschaftliche Risiko lag also von Anfang an ausschließlich bei ihm. Die thailändischen Partner brachten außer ihrer Marke nichts in das Unternehmen ein. Daraus erklärt sich auch, warum sie in weiterer Folge so wenig Einfluss auf die Entwicklung von Red Bull nahmen.

Die einzige finanzielle Unterstützung während der dreijährigen Anlaufphase erhielt Mateschitz ausgerechnet vom deutschen Finanzamt: Dieses zahlte damals Jungunternehmern, deren Geschäft nicht so recht anspringen wollte, einen Teil jener Lohnsteuer zurück, die noch im Angestelltendasein eingehoben worden war. Ein Treppenwitz der Wirtschaftsgeschichte: Die deutsche Bürokratie hatte Mateschitz aus dem Land getrieben, während der deutsche Fiskus den Aufbau des Unternehmens mitfinanzierte.

Red Bull „verleiht Flüüügel"

In den drei Jahren zwischen der Unternehmensgründung und der Zulassung des Produkts machte Mateschitz gründlich seine Hausaufgaben: Er arbeitete eine Marketing-Strategie aus, die den späteren Durchbruch erst ermöglichte. Gefragt war Werbung in ihrer höchsten Vollendung. Schließlich war Red Bull ein neues Produkt, für das es noch keinen Markt gab. Es galt also, zuerst den Bedarf zu schaffen: Den potenziellen Kunden musste erklärt werden, warum sie Red Bull, das sie bis dahin nicht gekannt hatten, nun unbedingt brauchten. Dazu griff der Neo-Unternehmer Mateschitz auf seinen ehemaligen Studienkollegen Johann „Hansl" Kastner zurück: „Kastner war ein pfiffiger Bursche, das habe ich gewusst. Der ist wie ich ein Perfektionist. Als Team sind wir daher unschlagbar." Der gebürtige Lienzer Kastner ging so wie Mateschitz nach dem Studium ins benachbarte Deutschland und gründete dort die Werbeagentur *Kastner & Partner.* Das Unternehmen war bereits zur Zeit der Red-Bull-Gründung in einer umgebauten Scheune unweit der Startbahn West des Frankfurter Flughafens untergebracht. Damit befand es sich auch in geografischer Nähe zur neuen *Red Bull Trading GmbH*, die ihren Sitz anfangs in Wiesbaden hatte.

Kastner spielt im Zusammenhang mit dem steilen Aufstieg von Red Bull eine zentrale Rolle: Aus seiner Feder stammen der Slogan „Red Bull verleiht Flüüügel" und die dazugehörige Kampagne mit den frischen und frechen Comic-Spots. Red Bull sollte von Anfang an anders sein, auch in der Werbung. Allerdings hat es in der Werbung schon fast alles einmal gegeben. So erinnert die Linie mit den Comic-Spots an das „*HB*-Männchen" Bruno, mit dem der britische Tabak-Konzern *BAT* von 1957 bis 1984 im Fernsehen seine Zigarettenmarke *HB* bewarb. Während sich Bruno am Ende jedes Sports mit einer *HB* beruhigte, ließ Kastner seine Protagonisten immer mit Red Bull abheben. Auch von der Bildsprache erinnert die Red-Bull- an die *HB*-Werbung.

Wie auch immer: „Der Hansl ist der kreative Vater von Red Bull", sagte Mateschitz später einmal. Als er zum ersten Mal mit seinem neuen Produkt in Kastners Agentur vorstellig wurde, soll dieser das Potenzial sofort erkannt haben: „Konsequent verfolgt, musste die Idee zum Erfolg führen. Das sagt einem der gesunde Menschenverstand", meinte Kastner später einmal im Wirtschaftsmagazin *brand eins*. Ein starker Spruch, der sich im Nachhinein leicht klopfen lässt. Irgendwie erinnert er dann doch ein wenig an das sprichwörtliche Lottospiel am Montag nach der Ziehung: Wie viele haben nicht schon sechs Richtige getippt, nur leider vergessen, den Wettschein aufzugeben.

Einfach war die Geburt der Kampagne jedenfalls nicht, wie Kastner und sein Partner Thomas Grabner einmal dem PR-Fachmagazin *extra-dienst* verrieten. Kastner wäre beinahe an seinem ehemaligen Studienkollegen verzweifelt: Eineinhalb Jahre lang arbeitete er Vorschlag um Vorschlag aus – in Summe an die fünfzig. Mateschitz verwarf sie alle. Kastner war so weit, dass er schon alles hinschmeißen wollte: „Du, wir müssen uns trennen, um weiter Freunde bleiben zu können", soll er gesagt haben. „Ich war alle, kaputt und leer und ich wusste nicht mehr weiter. Mir fiel nichts mehr ein und ich sah keine Möglichkeit, wie ich mit dem Didi zusammenkommen sollte." Partner Grabner ergänzt: „Mateschitz will immer das Absolute. Der glaubt bis ans Ende seiner Tage an sein Produkt, und er glaubte eben, dass die bisher vorgelegten Strategiepläne nicht zum Ziel führen würden. Die Zeit war für beide ganz schwierig – und unser Boss wusste nicht mehr weiter."

Was war das Problem? Kastner: „Wer Red Bull schluckt, der wird verdammt stark. So haben wir uns das ja auch immer gedacht – nur die richtigen Worte waren nicht gefunden." Die zündende Idee kam mitten in der Nacht: „Red Bull verleiht Flüüügel!" Kastner holte Mateschitz telefonisch aus dem Schlaf. Dieser war sofort hellwach und segnete den Slogan mit einem einfachen „das passt" ab.

Kleine Anekdote am Rande: Am Anfang seiner Unternehmertätigkeit hatte der Red-Bull-Gründer kein Geld, um seinen Werbeprofi zu bezahlen. Daher half er in dessen Agentur aus. Kastner und Mateschitz erarbeiteten sieben Kunden-Präsentationen, die jedoch allesamt abgelehnt wurden. Kastner führte das später einmal schmunzelnd auf die zu „100 Prozent kompromisslosen, konsequenten Vorschläge" zurück.

Zurück zu Red Bull: So wie das Produkt erreichte auch die Werbelinie rasch Kultstatus und das nicht nur in der Branche. In den Jahren von 1993 bis 1995 gewann Kastner gleich dreimal in Serie einen österreichischen Staatspreis für Werbung. Dabei verstößt die Red-Bull-Werbung gegen viele Marketing-Regeln: „Der comicartige TV-Spot der Einführungskampagne macht sich mit absichtlich unbeholfenem Charme über den Effekt des Produkts lustig – bei jedem Markenartikel-Konzern ein sicherer Entlassungsgrund“, analysierte das *WirtschaftsBlatt*. „Selbstironisch, nonkonformistisch, smart und rebellisch“, beschreibt Kastner sein Konzept. „Manche sagen, da ist wohl viel von unserer eigenen Persönlichkeit eingeflossen.“

Als die Kampagne 1987 startete, gab es aber nicht nur allgemeines Schmunzeln und viel Anerkennung, sondern auch Aufregung: Einige streng konservative Katholiken sahen ihre Gefühle verletzt, weil Kastner in einem Werbespot einen Priester fliegen ließ. Der Werbeprofi nahm die Kritik mit Humor und wies mit einem Augenzwinkern jeden religiösen Zusammenhang zurück: „Auch wenn ich aus dem heiligen Land Tirol komme, die Geschichte mit dem Verleihen von Flügeln hat mit Gott nichts zu tun gehabt.“ Diskussionen wie diese schadeten aber weder der Kampagne noch dem Produkt – im Gegenteil: Was konnte Mateschitz Besseres passieren, als dass sein Getränk auch im übertragenen Sinn in aller Munde war?

Erste Schritte ins Ausland

Fünf Jahre lang backte Mateschitz in Österreich vergleichsweise kleine Brötchen. 1992 begann er mit Red Bull den ersten ausländischen Markt zu erobern, und zwar Ungarn. Im März 1994 ließ dann auch endlich das Bundesgesundheitsamt in Berlin Red Bull für den deutschen Markt zu. Damit wurde Mateschitz zu einem der ersten großen österreichischen EU-Profiteure. Möglich wurde die Genehmigung nämlich nur über einen Umweg: Red Bull schaffte es, in Großbritannien erlaubt zu werden. Die Insel hatte man zwar vorerst noch nicht im Visier, das EU-Recht legte aber die Schienen für die Zulassung in Deutschland. Praktisch tags darauf machte sich die *Red Bull GmbH* daran, jenen Markt zu erobern, auf dem sie eigentlich heimisch hatte werden wollen.

Den Vertrieb übernahm die zum *Oetker*-Konzern gehörende Sektkellerei *Henkell & Söhnlein* aus Wiesbaden, wo Red Bull seinen ersten Firmensitz hatte. Diese Partnerschaft sollte bis Mai 2003 dauern. Dann fühlte sich die Deutschland-Tochter des Dosen-Konzerns stark genug, den Vertrieb selbst zu übernehmen. Allerdings schien man sich getäuscht zu haben: Im November 2005 wurde nämlich wieder eine Vertriebspartnerschaft abgeschlossen, dieses Mal mit der *Warsteiner Gruppe*. Das Ende der Zusammenarbeit mit dem Energydrink-Konzern bescherte *Henkell & Söhnlein* eine veritable Krise.

Zurück in die Neunzigerjahre: Deutschland wurde praktisch im Sturm eingenommen, und spätestens Mitte 1994 wird es dem hessischen Finanzminister wohl leidgetan haben, dass seine Politikerkollegen in Berlin und deren Beamte Mateschitz aus dem Land getrieben hatten.

Getrunken wurde Red Bull in Deutschland freilich schon lange vor der Genehmigung: Die Dosen wurden im großen Stil von Österreich in das benachbarte Bayern geschmuggelt. Der Energydrink des Dietrich Mateschitz ist ein Produkt, bei dem Image *die* zentrale Rolle spielt. Durch die illegale Einfuhr nach Deutschland wurde er zusätzlich mit dem Reiz des Verbotenen aufgeladen und damit noch kultiger. Auch haarsträubende Gerüchte, wie das Getränk enthalte einen Extrakt aus Stierhoden oder werde heimlich mit Amphetaminen angereichert, heizten die Nachfrage an. Schon vor dem Beginn der Werbekampagne in Bayern kannten 60 Prozent aller Münchner die Marke Red Bull.

In den ersten drei Monaten der legalen Marktpräsenz wurden 33 Millionen Dosen verkauft. „Es läuft noch besser, als wir es uns erwartet haben", sagte der damalige Deutschland-Verkaufsleiter in der *WirtschaftsWoche*. Mehr war auch gar nicht möglich: Die Dosenfabriken, die Red Bull belieferten, kamen mit der Produktion nicht nach. Im Herbst 1994 fiel daher die Auslieferung für drei Monate aus. Dennoch peilte der Energydrink-Konzern im Jahr 1994 seine erste Umsatzmilliarde an – damals natürlich noch in Schilling. Dieser Betrag entspricht 70 Millionen Euro – eine für heutige Red-Bull-Verhältnisse bescheidene Summe: Zehn Jahre später waren alleine die jährlichen Gewinne fünf- bis sechsmal so hoch. 1994 bedeuteten 70 Millionen Euro aber gegenüber dem Jahr zuvor eine Verdreifachung des Umsatzes.

Der Erfolg in Deutschland war zwar unerwartet groß, Red Bull wollte aber von Anfang an hoch hinaus. Das Marketing-Budget für das erste Jahr auf dem neuen Markt betrug 15 Millionen Mark (7,5 Millionen Euro) und war für die damaligen Verhältnisse sensationell hoch. Dennoch lächelten selbst ernannte Experten milde, als Mateschitz und sein Werbeprofi Kastner von 400 Millionen Dosen sprachen, die sie dereinst in Deutschland pro Jahr verkaufen wollten. Mitbewerber wie *Flying Horse* glaubten noch, den Kampf gegen Red Bull langfristig gewinnen zu können: „Red Bull hat einen Bedarf geschaffen. Befriedigen können den auch andere." Und *Coca-Cola* verstieg sich sogar zu der Aussage, Red Bull versuche die legendäre schwarze Brause zu kopieren. „Wir sind nun mal die Größten. Kein Wunder, dass sich kleine Mitbewerber an uns orientieren“, sagte der damalige Sprecher der *Coca-Cola Deutschland GmbH* in der *WirtschaftsWoche*. Mittlerweile hat Red Bull seinem Konkurrenten *Coca-Cola* sogar in dessen Heimatland USA im Bereich der zuckerfreien Softdrinks den Rang abgelaufen.

Für den Transport der Dosen nach Deutschland war die Salzburger Spedition Quehenberger verantwortlich. Deren damaliger Eigentümer Rudolf „Rudi“ Quehenberger war auch Präsident des damals international erfolgreichen Fußballklubs *Austria Salzburg*. Elf Jahre später übernahm Mateschitz den von der Pleite bedrohten Traditionsverein und benannte ihn in *FC Red Bull Salzburg* um – mehr dazu später.

Parallel zu Deutschland wurde ab Oktober 1994 Red Bull auch in der Schweiz eingeführt. Die Eidgenossen hatten noch im Jahr zuvor ein Einfuhrverbot verhängt, das sie nach neuerlicher Prüfung und der Zulassung in Deutschland aufhoben – allerdings nur widerwillig, daran ließen die Beamten keinen Zweifel: „Hinsichtlich der Zweckbestimmung und den damit verbundenen Anpreisungen“ bestünden „nach wie vor begründete Zweifel“, ließ die Eidgenössische Ernährungskommission verlauten. Auch in der Schweiz gab es vor der Zulassung einen regen Schwarzmarkt für Red Bull.

Eine kleine Delle hatte die exponentiell ansteigende Wachstumskurve von Red Bull während der ersten Jahre aber doch zu verzeichnen: 1989 führte Mateschitz das Limonadengetränk *Red Rooster* ein. Dabei handelte es sich um ein Gemisch aus Ahorn- und Zitronensirup. Der rote Hahn erwies sich aber im Gegensatz zum roten Stier als flügellahm. Er wurde ein Ladenhüter und brachte Verluste im Millionen-Schilling-Bereich. Kritische Beobachter von Red Bull sehen darin eine Parallele zur Wellness-Marke *Carpe Diem*, die Mateschitz 1997 einführte. Der Vergleich hinkt jedoch, wie wir später noch sehen werden.

2. Weltweiter Marktführer

Der weltweite Durchbruch kam Ende der Neunzigerjahre. Noch 1996 lag Red Bull auf der Liste der umsatzstärksten österreichischen Marken nur auf Rang 46! Erst ab 1997 begann der Konzern dann quasi im Monatsrhythmus neue Märkte zu erobern, die Umsätze kletterten in schwindelerregende Höhen. Besonders steil ging es 1999 bergauf. Gegenüber dem Jahr zuvor – dieses hatte schon ein Rekordergebnis gebracht – konnte der Umsatz mehr als verdoppelt werden. Weil das Jahr 2000 fast ähnlich erfolgreich war, kürte das Wirtschaftsmagazin *trend* Mateschitz zum ersten *Mann des Jahres* im neuen Jahrtausend.

Die späten Neunzigerjahre waren auch die Zeit, in der sich das 1991 erfundene *World Wide Web (www)* wirklich weltweit durchsetzte. Die zeitliche Parallele zu Red Bull ist kein Zufall: Im Big Business der *Dot-Coms* dominierten dynamische, schicke Frauen und Männer, die immer jung zu sein und vor allem immer zu gewinnen schienen. Red Bull passte zu diesem Typ wie der Deckel auf den Topf: Es wurde das Getränk zum Lebensgefühl, zum scheinbar ewigen wirtschaftlichen Aufstieg – schließlich versprach der Slogan doch, dass es Flügel verleihe. Im Frühling 2000 platzte dann die Internetblase an den internationalen Börsen. Red Bull aber blieb auf dem Markt und mutierte vom Aufputschgetränk zum Mittel gegen Katerstimmung. Dietrich Mateschitz konnte es egal sein: Er verkaufte jährlich mehr und mehr Dosen.

Und mittlerweile heben ja nicht nur das Getränk, sondern auch die Aktienkurse wieder ab und mit ihnen die Red-Bull-Konsumenten an den Finanzmärkten.

2010 verkaufte Red Bull die unglaubliche Zahl von 4,4 Milliarden Dosen. Rein statistisch gesehen heißt das: Fast zwei Drittel aller Erdenbürger versucht zumindest einmal im Jahr mit dem Energydrink aus Österreich abzuheben! Das ist zwar ein fantastischer Erfolg. Allerdings bleibt er hinter den offiziellen Erwartungen von Mateschitz zurück. Der hatte nämlich noch 2007 erklärt, er wolle 2010 schon sechs Milliarden Dosen verkaufen.

Red Bull goes USA

Erhältlich ist Red Bull mittlerweile in mehr als 161 Ländern. Wichtigster Markt sind die USA. Hier wurde Red Bull 1997 eingeführt, als Experimentierfeld diente Kalifornien. Mittlerweile erwirtschaftet das Unternehmen ein Drittel seines Umsatzes zwischen New York und Los Angeles. Im Jahr 2005 schaffte man es zum ersten Mal, sich bei den Energydrinks einen Marktanteil von 50 Prozent zu sichern, und *Red Bull Sugarfree* überholte die Light-Versionen von *Coca-Cola* und *Pepsi-Cola*. In den folgenden Jahren konnte diese Stellung nicht nur gehalten, sondern sogar noch ausgebaut werden. Allein von 2005 auf 2006 stiegen die Verkaufszahlen um 30 Prozent. In einer ähnlichen Tonart ging es auch 2007 weiter. Das Jahr 2008 sollte dann eigentlich einen neuen Quantensprung bringen: Red Bull verhandelte mit der Fastfood-Kette *McDonald's* über die Aufnahme des Energydrinks in das Getränkesortiment sämtlicher Restaurants in den USA. Allerdings hat man dann von diesem Thema nie wieder etwas gehört. Und Red Bull musste sich zum ersten Mal in seiner Geschichte damit zufrieden geben, dass die Gewinne zwei Jahre in Folge sanken.

Dennoch: Kein Produkt aus Österreich war jenseits des großen Teiches bisher auch nur annähernd so erfolgreich. Die Marke hat auch in den Vereinigten Staaten längst Kultstatus erreicht. Darauf fußt die Zuversicht, die Matschitz nach wie vor versprüht. Und das war auch der Grund für die in der Einleitung erwähnten Übernahme-Gerüchte rund um Red Bull und *PepsiCo*. Angesichts des Erfolges und der Zukunftsaussichten müsste Mateschitz aber entweder ein schlechter Rechner sein oder einfach die Nase voll vom Geschäft haben, sollte er Red Bull tatsächlich verkaufen.

Der Run auf Red Bull hat auch in den USA zahlreiche Konkurrenten und Nachahmer auf den Plan gerufen. Dabei hat die US-Wirtschaft von den Managern aus Österreich gelernt: Hinter dem erfolgreichen *Roaring Lion* stehen zum Beispiel vier ehemalige Mitarbeiter der US-Tochter von Red Bull. Das Getränk ist geschmacklich von Red Bull kaum zu unterscheiden, es ist aber wesentlich billiger und wird zudem für die Gastronomie in Fässern angeboten. *Monster*, ein weiterer Konkurrent, hat sein Werbekonzept deutlich sichtbar von Red Bull abgekupfert und schaffte es damit 2008, in den USA das Original vom Thron zu stoßen und von der Nummer zwei zum Branchenleader auf dem amerikanischen Energydrink-Markt zu werden. Dafür musste der Chef von Red Bull in den USA, Dan Ginsberg, den Hut nehmen.

Nach außen hin lässt sich Mateschitz durch die zunehmend aggressiver und erfolgreicher werdende Konkurrenz nicht aus der Ruhe bringen. Man behalte die Entwicklung aber im Auge, sagt er. Die Einführung einer neuen 355-Milliliter-Dose im Jahr 2007 zusätzlich zur 250-Milliliter-Standarddose wurde als erste Reaktion gewertet, auch wenn es offiziell keinen Zusammenhang mit den US-Konkurrenten gab. Mateschitz sprach kryptisch von „marketing- und verkaufsstrategischen Gründen", die hinter der neuen Verpackungsgröße stünden. Anfang 2009 wurde dann ohne nähere Angabe von Gründen zusätzlich noch eine 473-Milliliter-Dose eingeführt, was einem Pint entspricht, dem im angelsächsischen Raum üblichen Maß für große Getränke in Gaststätten.

Neue Konkurrenz gibt es auch in der Heimat: Hier wollen Handelsmarken und Diskonter mit eigenen Energydrinks am Markt mitnaschen. Im Sommer 2010 meldete das *WirtschaftsBlatt*, Red Bull habe im österreichischen Einzelhandel 20 Prozent verloren. Laut einer Sprecherin des *Spar*-Konzerns hat der Energydrink der billigen Eigenmarke *S-Budget* in einigen Filialen Red Bull bei den Verkaufszahlen bereits überholt.

Dennoch: Weltweit wächst die Zahl der verkauften Dosen relativ gleichmäßig. Den Fokus lege man bei der zukünftigen Expansion auf die Kernmärkte Westeuropa und USA, sowie auf die Zukunftsmärkte Brasilien, Japan, Indien und China. Der Verkauf im Reich der Mitte startet 2011. Sollte die Marktdurchdringung in den beiden bevölkerungsreichsten Ländern der Erde, China und Indien, einmal auch nur annähernd so groß werden wie in den USA, dann sind die 4,2 Milliarden verkauften Dosen im Jahr 2010 bestenfalls als kleines Zwischenziel anzusehen. Die Marktsättigung sieht Mateschitz laut *Lebensmittel Zeitung* bei sieben bis acht Milliarden verkauften Dosen pro Jahr. „Auf dem Weg nach oben befinden wir uns erst zwischen dem ersten und zweiten Basislager."

Simply Cola

Aus seiner einmaligen Marktsituation heraus konnte es sich Red Bull auch leisten, seine beiden Kontrahenten *Coca Cola* und *Pepsi Cola* in deren Kernkompetenz anzugreifen: Ab dem Frühjahr 2008 brachte der Mateschitz-Konzern in Österreich, Deutschland, der Schweiz, in acht weiteren Ländern Westeuropas und in Russland und den USA ein eigenes Cola auf den Markt. Dieses wird so wie Red Bull ausschließlich in Österreich und der Schweiz erzeugt. Red Bull bewirbt sein Cola mit dem Slogan „strong & natural". Es soll nach Angaben des Unternehmens ausschließlich aus Inhaltsstoffen natürlicher Herkunft bestehen und im Gegensatz zu anderen Cola-Getränken keine Phosphorsäure, keine Konservierungsstoffe, keine künstlichen Farbstoffe und keine künstlichen Aromen enthalten. Auffallend ist vor allem der Geschmack nach Vanille.

Und es soll sich um das einzige Cola handeln, das Extrakte aus jenen Pflanzen enthält, die *Coca Cola* einst den Namen gaben: Cocablatt und Kolanuss. Das führte dazu, dass im Mai 2009 das hessische Gesundheitsministerium den Verkauf des Red Bull Colas verbot, da minimale Spuren von Kokain nachgewiesen worden waren. Die Bundesländer Bayern, Niedersachsen, Nordrhein-Westfalen, Thüringen und Rheinland-Pfalz zogen nach. Als das *Bundesinstitut für Risikobewertung* in Berlin dann allerdings herausfand, der Kokain-Anteil betrage nur zwischen dem 7.000sten und dem 20.000sten Anteil der Wirkgrenze der Droge, wurde das Verbot nach drei Monaten wieder aufgehoben. Es konnte keine gesundheitsschädigende Wirkung festgestellt werden – im Gegenteil: Der Arzt des alpinen Herrenteam des ÖSV schwört bei Magen-Darm-Erkrankungen seiner Schützlinge auf das Red-Bull-Cola als „Medizin".

Im Gegensatz zum originalen Red Bull führte der Reiz des Verbotenen beim Cola zu keinem Hype. Mittelfristig strebe er mit seinem Cola denselben Umsatz an wie mit Red Bull, tönte Mateschitz 2008 noch vollmundig. Der Erfolg wollte sich bis jetzt jedoch noch nicht einstellen. Außerhalb der Partywelt, die Red Bull selbst organisiert, rangiert das Red Bull Cola hart an der Wahrnehmungsgrenze.

Dafür hatte *Coca Cola* bereits im Herbst 2008, nur ein halbes Jahr nach dem Red Bull Cola, mit einem eigenen Energydrink gekontert: Dieser trägt den Namen *Burn*, enthält ebenfalls Taurin und Koffein, ist ebenfalls picksüß, aber rötlich und wird bei Gastromessen mit viel Erotik gepaart angepriesen, denn schließlich soll *Burn* ja heiß machen. Mittlerweile wird das Getränk in 28 Staaten Europas verkauft und 50 weltweit – nicht jedoch in den USA, dem Heimatland von *Coca Cola*. In Österreich soll *Burn* einen Marktanteil von sechs Prozent haben, ist also keine echte Konkurrenz für Red Bull. Im Spätsommer 2009 kam *Burn* auch als Energy-Shot auf den Markt: als kleine 50-Milliliter-Flasche, die im Wesentlichen den Inhalt einer größeren Dose als Konzentrat enthält.

Nun musste wiederum Red Bull reagieren und brachte im Herbst 2009 seinerseits einen Shot in 60-Milliliter-Flaschen heraus, die in Deutschland nicht in das Pfandsystem fallen. Diese enthalten die gleiche Menge Koffein wie eine reguläre Dose, aber keine Kohlensäure. Für die österreichische *Agentur für Gesundheit und Ernährungssicherheit (AGES)* sind die *Energy-Shots* von Red Bull keine Getränke, sondern Nahrungsergänzung. Daher muss auf jedem Fläschchen folgender Sicherheitshinweis aufgedruckt sein: „Dieses Produkt ist kein Ersatz für eine abwechslungsreiche Ernährung und sollte außerhalb der Reichweite von Kindern gelagert werden. Empfohlene Tagesdosis: 1 Flasche. Die empfohlene Tagesdosis nicht überschreiten." Ähnliche Sicherheitshinweise müssen selbstverständlich auch auf die Shots von *Burn* aufgedruckt werden.

Wie „tickt" Red Bull?

Das exponentielle Wachstum seit Ende der Neunzigerjahre ist an Red Bull nicht spurlos vorübergegangen. Das Unternehmen hat sich in den vergangenen Jahren stark gewandelt. Anfangs handelte es sich um einen Kleinbetrieb mit einer Handvoll Mitarbeiter, heute steht das Logo mit den beiden roten Bullen für einen weltweit tätigen Konzern. Diese Entwicklung bildet sich auch in der Unternehmenskultur ab. Am Beginn war Red Bull eine Firma, in der eine fast familiäre Atmosphäre gepflegt wurde. „Wir haben nicht für Red Bull gearbeitet, wir waren Red Bull", sagte der langjährige Marketingchef Norbert Kraihamer im *Manager Magazin*. Die Mitarbeiter duzten einander. Das ging von der kleinen Sekretärin bis zum damals noch nicht ganz so großen Boss. Allerdings wurde im Umgang mit dem Unternehmensgründer meist die österreichische Variante des „autoritären Du" verwendet. Während Mateschitz seine Mitarbeiter mit den Vornamen anredete, sprachen diese ihren Chef mit „Du, Herr Mateschitz" an. Innerhalb der Belegschaft wird heute vom Konzernlenker als „Herr Mateschitz" oder „DM" gesprochen – mit seinen Initialen pflegt der Unternehmensgründer Unterlagen abzuzeichnen.

Das heimelige Klima der Anfangszeit, in dem viele Probleme in gemütlicher Runde gelöst wurden, sei in den vergangenen Jahren weitgehend verschwunden, berichten ehemalige Mitarbeiter. Es wurden Controller und Finanzfachleute von deutschen Unternehmen und weltweit agierenden Konzernen abgeworben. Plötzlich mussten lang gediente Red-Bull-Angestellte die Ausgabe von kleinen und kleinsten Beträgen argumentieren und rechtfertigen, während gleichzeitig jährlich Rekordgewinne geschrieben wurden. Red Bull entwickelte sich vom Familienbetrieb zum Konzern. Das verstand so mancher altgediente Mitarbeiter nicht. Einige

Frauen und Männer aus der Anfangszeit haben daher in den vergangenen Jahren das Unternehmen verlassen. Dennoch pflegt Red Bull noch immer ein entspanntes Betriebsklima. Dazu trägt auch bei, dass es keinen Dresscode gibt. Die Mitarbeiter können normale Freizeitkleidung tragen. Nur bei öffentlichen Auftritten sind Anzug bzw. Kostüm erwünscht. Allerdings wird von den Herren keine Krawatte verlangt.

Bei all der Lockerheit gab es aber stets einen großen Leistungsdruck. Man dürfe Fehler machen, allerdings nur einmal, erzählt ein ehemaliger langjähriger führender Mitarbeiter. Für Manager, und das ist bei Red Bull mehr als die Hälfte der Mitarbeiter, sind Arbeitszeiten von 50 bis 60 Stunden pro Woche normal. Die Mühen werden aber mit Gehältern belohnt, die über dem Branchenschnitt liegen. Darüber hinaus hat jeder Red-Bull-Mitarbeiter – von der Putzfrau bis zum Vorstand – einen Dienstwagen. Größe und Ausstattung variieren aber je nach Rang im Unternehmen. Mateschitz selbst fährt gerne einen schweren Geländewagen englischer Produktion. Altgediente Mitarbeiter verdienen durch die Bank ausgezeichnet. Ein ehemaliger Red-Bull-Manager sieht das als Ausdruck der Dankbarkeit, die Mateschitz seiner alten Mannschaft entgegenbringt: „Er ist ein Gentleman. Wenn ihm einmal jemand geholfen hat, vergisst er das nicht." Einer Mitarbeiterin der ersten Stunde, die vor einigen Jahren an Krebs verstorben ist, ließ der Red-Bull-Gründer die beste medizinische Behandlung zukommen. Das Gehalt wurde noch gezahlt, als die Dame längst nicht mehr arbeitsfähig war.

Mit der Größe des Konzerns ist auch die Zahl der Tochtergesellschaften gewachsen. Weil diese in aller Welt tätig sind, ist die Konzernsprache Englisch – auch in Österreich und Deutschland. Daher verwendet Mateschitz in seiner Umgangssprache zahlreiche englische

Wörter. Viele Mitarbeiter in der Red-Bull-Zentrale in Fuschl am See sprechen nicht einmal Deutsch. Die zahlreichen Konzerntöchter agieren voneinander völlig unabhängig. Die Leiter erstatten jeweils ihren Vorgesetzten Bericht. An der Spitze stehen eine Handvoll Gebietsleiter, ein ursprünglich dreiköpfiges und mittlerweile fünfköpfiges Board of Directors (Vorstand) und schließlich Dietrich Mateschitz als geschäftsführender Gesellschafter.

Die Mitarbeiter der verschiedenen Red-Bull-Gesellschaften begegnen einander kaum, auch wenn sie nur knapp voneinander entfernt arbeiten. Es gibt keine gemeinsamen Seminare, Veranstaltungen oder Feiern. Als gemeinsame Kommunikationsplattform steht aber ein *Info-Net* zur Verfügung. Über dieses werden jedoch keine essenziellen Informationen verkündet, sondern vor allem die aktuellen Erfolge der Red-Bull-Sportler. Dazu gibt es Vor- und Nachberichte über die zahlreichen Red-Bull-Events. „Wir haben es immer aus den Medien erfahren, wenn eine Mannschaft oder ein Rennstall gekauft wurde“, erzählt ein ehemaliger Mitarbeiter.

Die Mateschitz-Sekte?

Kritiker merken bisweilen an, Red Bull funktioniere intern wie eine Sekte. Für diese Behauptung konnte der Verfasser keinen Beweis finden. Fakt ist aber: Dietrich Mateschitz wird im Unternehmen fast wie ein Guru verehrt. Das ist aber nichts Ungewöhnliches für Privatunternehmen, die von charismatischen Persönlichkeiten gegründet und geführt werden. Dazu kommt: Es gibt Elemente in der Unternehmenskultur, die zumindest an Eingeweihten-Rituale erinnern, wie sie von esoterischen Gesellschaften gepflegt werden. Darunter fällt etwa *Lunaqua*: Hinter diesem Namen verbirgt sich ein Mineralwasser, das angeblich nur bei Vollmond entnommen wird. Auf den diversen Homepages von Red Bull sucht man vergeblich nach einer Produktbeschreibung. Das Wasser wird in keinen Geschäften angeboten, sondern soll vor allem die Lebensgeister der Red-Bull-Mitarbeiter und der vielen Red-Bull-Sportler wecken. Und es wird bei den exklusiveren Red-Bull-Events kredenzt.

Weiters gibt es eine starke Identifikation der Mitarbeiter mit dem Unternehmen und so etwas wie einen nicht festgeschriebenen, dennoch von allen akzeptierten Verhaltenscodex für Red-Bull-Leute, den Mateschitz persönlich vorgibt: Dieser sei ein feiner und eleganter Mensch, der Wert auf einen gepflegten Umgangston und auf gute Manieren lege, sagt ein ehemaliger Mitarbeiter: „Man hält Damen die Türen auf und betrinkt sich nicht in der Öffentlichkeit. Man ist auch als Privatperson eine Visitenkarte der Firma.“

Und es gibt ein striktes Verbot, über Interna zu reden. Darunter fällt für Red Bull jedes Detail über das Unternehmen. Daher kann sich dieses Buch auch nur auf ehemalige Mitarbeiter berufen. Die äußern sich unisono positiv über ihren Ex-Arbeitgeber, der durch die Bank als Mensch mit großem Charisma beschrieben wird. Tenor der Aussagen: Man sei froh und dankbar, dass man bei Red Bull eine Chance bekomme habe. Man habe sehr viel gelernt und gute Kontakte knüpfen können.

Einen „Maulkorb“ scheint Red Bull auch allen geschäftlichen und sonstigen Partnern anzulegen. Überall stößt man auf eine Mauer des Schweigens. So konnte es Red Bull über Monate hinweg verheimlichen, dass direkt neben dem Stadion in Salzburg-Kleßheim ein Fernsehhaus entstand – selbst als der Rohbau bereits fünf Stockwerke hoch war. Sogar im Gemeindeamt von St. Marein, dem Geburtsort des Konzerngründers, wird höflich erklärt, dass es zum Thema Mateschitz keine Auskünfte gebe.

3. Verbote und gesundheitliche Bedenken

Red Bull soll Flügel verleihen. Wer allerdings zu hoch hinaus will, dem kann das bisweilen schlecht bekommen. Von Anfang an war der steile Aufstieg des Energydrinks von Kritik und einer öffentlichen Diskussion über mögliche gesundheitliche Gefahren begleitet. Noch 1993 machten sich die österreichischen Sozialdemokraten im Parlament für ein Verbot oder zumindest für Verkaufsbeschränkungen stark. Für einzelne Inhaltsstoffe waren besonders langwierige Zulassungsverfahren notwendig. Die Verzögerung der Marktzulassung zuerst in Österreich, später auch in Deutschland und anderen Ländern wurde groß berichtet und als Verbot interpretiert. In jenen Schichten, die Red Bull primär anspricht, hat gerade Verbotenes einen besonderen Reiz. Der Schuss ging also nach hinten los: Es entstand ein regelrechter Hype um das neue Getränk, das letztlich fast in allen Ländern zugelassen wurde.

Problemkind von Red Bull ist seit jeher Frankreich. Hier wurde die Markteinführung wiederholt angekündigt, von den Behörden aber jedes Mal verhindert. Lange Jahre war Frankreich das einzige Land, in dem das Mateschitz-Getränk verboten war. Die französischen Behörden begründeten das mit möglichen gesundheitlichen Schäden, die ein zu extremer Konsum hervorrufen könne. Zwischenzeitlich erreichten Red-Bull-Juristen, dass der Konsum legal, der freie Verkauf aber weiterhin nicht gestattet war. Wegen des Inhaltsstoffes Taurin und der hohen Konzentration von Koffein wurde Red Bull in Frankreich als Medikament eingestuft. Der Getränke-Konzern zog gegen dieses De-facto-Verbot vor den Europäischen Gerichtshof. Man argumentierte mit der Einschränkung des freien Wettbewerbs und Warenverkehrs.

Der EuGH entschied jedoch 2004 in letzter Instanz, Frankreich verstoße nicht gegen Gemeinschaftsrecht. Mateschitz: „Frankreich ist der Beweis dafür, dass man selbst in einem Rechtsstaat keine Garantie hat, Recht zu bekommen, wenn man im Recht ist."

2008 kam es dann aber zu einer Einigung: Red Bull ersetzte den Inhaltsstoff Taurin durch Arginin, eine gefäßerweiternde Substanz, die in zahlreichen Lebensmitteln wie rohem Schweine- und Hühnerfleisch, Eiern, Walnüssen, Pinienkernen, ungeschältem Reis oder getrockneten Erbsen vorkommt. Später gelang es den Red-Bull-Juristen, ein weiteres Abkommen mit den französischen Behörden auszuhandeln, sodass der Energydrink seit Sommer 2008 auch in seiner „normalen" Version im Land der Trikolore erhältlich ist.

Ein schwieriges Pflaster war auch Skandinavien: In Schweden gab es 2001 einige Aufregung, als Berichte kursierten, drei Menschen seien nach dem Genuss von Red Bull gestorben. Allerdings konnte nie ein Zusammenhang zwischen dem Konsum des Energydrinks und den Todesfällen festgestellt werden. Die Behörden in Dänemark, Norwegen und Finnland hegten lange Zeit ähnliche Befürchtungen wie ihre Kollegen in Frankreich. In den drei Ländern war Red Bull ebenfalls als Medikament eingestuft und durfte daher nicht frei verkauft werden. Erst seit Anfang 2009 ist es in Dänemark und Norwegen frei erhältlich.

Bis Ende 2004 durfte Red Bull auch in Kanada nicht verkauft werden. Dort ist jedoch mittlerweile eine Version auf dem Markt, die anstelle von Taurin nur Koffein enthält. Zudem müssen die Dosen umfangreiche Warnhinweise tragen. Dezidiert wird empfohlen, den Inhalt nicht mit Alkohol zu mischen. Die kanadischen Behörden halten Red Bull ungeeignet für Kinder, schwangere oder stillende Frauen und Personen, die sensibel auf Koffein reagieren. Auch vor dem Genuss von mehr als einem halben Liter Red Bull pro Tag wird gewarnt. In den Vereinigten Staaten sind solche Warnhinweise interessanterweise nicht vorgeschrieben. Dabei werden die US-Amerikaner ansonsten auf alle möglichen und unmöglichen Gefahren hingewiesen, wie etwa auf die Tatsache, dass Feuerzeuge Feuer erzeugen können oder dass scharfe Messer schneiden.

Ein kleiner Espresso mit viel Zucker

Woraus besteht eigentlich Red Bull? Mateschitz wird bisweilen gefragt, ob es für sein Getränk ein geheimes Rezept gebe, so wie etwa bei *Coca-Cola*, das seine Mixtur in Atlanta hütet wie einen heiligen Schrein. Bei Red Bull sei die Sache völlig anders, erklärt Mateschitz freimütig. Das Rezept stehe auf jeder Dose. Demzufolge besteht das nach Gummibärli schmeckende Getränk hauptsächlich aus Wasser, Kristall- und Traubenzucker (Saccharose und Glukose), Säuerungsmitteln, Taurin, Glucuronolacton (ein Kohlehydrat, das die Entschlackung fördern soll), Koffein sowie verschiedenen Vitaminen, Aroma- und Farbstoffen. Seit 2003 gibt es auch die zuckerfreie Variante *Red Bull Sugarfree* mit einem Energiegehalt von acht Kilokalorien (zehn in der US-Version) pro Dose. Das Original mit Frucht- und Kristallzucker enthält 112,5 Kilokalorien pro Dose.

Seine aufputschende Wirkung soll Red Bull in erster Linie dem Inhaltsstoff Taurin verdanken. Dabei handelt es sich um eine organische Säure, die im menschlichen Körper in geringer Menge natürlich vorkommt – vor allem in Muskeln, Gehirn, Herz und Blut, aber auch in der Muttermilch. Ein 70 Kilogramm schwerer Erwachsener hat etwa 70 Gramm Taurin im Körper. Zum Vergleich: Eine 250-Milliliter-Dose Red Bull enthält ein

Gramm Taurin. Taurinmangel führt im menschlichen Körper zu Störungen des Immunsystems. Außerdem wurde in Tierversuchen eine entzündungshemmende Wirkung festgestellt. Erstmals nachgewiesen wurde die Substanz im Jahr 1827 von zwei deutschen Chemikern, die Taurin aus der Galle von Stieren (latein. *taurus*) isolierten. Eine Standarddose mit 250 Millilitern enthält zudem 80 Milligramm Koffein – etwa so viel wie eine Tasse Filterkaffee. Ernährungswissenschafter ätzen daher, Red Bull entspreche, so wie die meisten Energydrinks, einem kleinen Espresso mit viel Zucker.

Red Bull ist kein alkoholisches Getränk. Es wird aber oft als Mixgetränk mit Sekt oder harten Getränken angeboten. Als *Flügerl* („Red Bull verleiht Flüüügel") enthält es weißen, als *Gummibärli* oder *Ferrari* roten Wodka. Auch mit Whisky wird es gerne gemischt. Dass in manchen Ländern die Dosen mit der Warnung „nicht mit Alkohol mischen" versehen sind, tut dem Trend zum Red-Bull-Mixgetränk keinen Abbruch. Alkohol macht müde, Red Bull munter: Nicht ohne Grund warnen Ärzte und Ernährungswissenschafter vor übermäßigem gemeinsamen Genuss von Alkohol und Koffein.

Zu viel Red Bull kann aber auch ohne die Beigabe von Alkohol zu Problemen führen: Personen, die mehr als fünf Dosen innerhalb von 24 Stunden konsumierten, fühlten sich danach bisweilen unwohl. Sie klagten über Übelkeit, Kopf- und Magenschmerzen und Schlaflosigkeit. Letzteres ist kein Wunder, schließlich wird ja Red Bull oft getrunken, um dem Sandmann ein Schnippchen zu schlagen. Der Energydrink scheint sich auch auf die Darmtätigkeit auszuwirken: Ein möglicher Nebeneffekt sind nämlich Blähungen.

Laut Aufdruck auf der Dose soll Red Bull die Leistungsfähigkeit steigern, die Konzentrations- und Reaktionsfähigkeit erhöhen und darüber hinaus den Stoffwechsel anregen – daher also die vielen Winde nach übermäßigem Genuss. Die belebende Wirkung wurde dem Getränk jedoch zumindest in einem Land offiziell abgesprochen: 1994 hielt die Eidgenössische Ernährungskommission im Zuge des Zulassungsverfahrens für die Schweiz fest, die Angaben der Hersteller seien „wissenschaftlich nicht haltbar" und daher „irreführend". Das deutsche Konsumentenschutz-Magazin *Ökotest* kam bei einem großen Test im Jahr 2007 zu einem ähnlichen Schluss: Taurin sei in großen Mengen zugeführt bestenfalls wirkungslos. Es sei zu wenig erforscht, welche Folgen eine Überdosis des Wirkstoffes habe. Wegen des hohen Zuckergehalts sei das Getränk für Sportler ungeeignet, da dieser die Aufnahme von Flüssigkeit in den Körper hemmt. Außerdem greife der Zucker in Red Bull bei regelmäßigem Konsum den Zahnschmelz an – so wie das alle Süßigkeiten tun. Insgesamt ist Red Bull für *Ökotest* als Produkt „mangelhaft".

An der Universität von Saskatchewan (Kanada) wurden Tests mit Ergometern durchgeführt, die zeigten, das Red Bull weder positive noch negative Leistungen auf die Probanden hatte. Andere Tests, die an der Universität von Bristol (England) mit Kraftsportlern durchgeführt wurden, wollen wiederum zu dem Schluss gekommen sein, dass dank Red Bull mehr Wiederholungen beim Bankdrücken möglich sind. Generell, so die Ergebnisse, wirke sich Red Bull bei trainierten Ausdauersportlern messbar auf die Herztätigkeit aus.

Fakt ist also: Die Wissenschaft ist völlig uneins, ob Red Bull tatsächlich Flügel verleiht. Dietrich Mateschitz selbst scheint dennoch fest an die belebende Wirkung seines Getränks zu glauben. Laut eigenen Angaben trinkt er täglich zwischen fünf und zwölf Dosen. Negative Auswirkungen will er dabei noch nie gespürt haben. Der

Mann ist ein medizinisches Phänomen – oder zumindest ein guter Verkäufer.

4. Keine Produktion

Red Bull ist neu und Red Bull ist anders. Das gilt nicht nur für das Getränk und die Werbelinie, sondern auch für den Aufbau des Konzerns. Aktuell werden mehr als vier Milliarden Dosen pro Jahr abgesetzt, dennoch ist Red Bull kein Produktionsbetrieb. Rund um die Zentrale in Fuschl am See sucht man vergeblich nach Werkshallen mit den beiden roten Stieren als Logo auf dem Einfahrtstor: Red Bull verfügt über keine eigenen Produktionsstätten oder Lagerhallen! Das Unternehmen hat nicht einmal einen Fuhrpark zur Auslieferung der Getränke! Das besorgen diverse Speditionen. Während viele Großkonzerne ihre Marketing- und Werbeaktivität ausgelagert haben und damit professionell arbeitenden Agenturen, aber auch Scharlatanen ein gutes Auskommen sichern, ging Red Bull den umgekehrten Weg: Es lagerte die Produktion und Distribution aus und kümmert sich selbst ausschließlich um Verkauf und Werbung. Im Grunde genommen ist der Konzern von Dietrich Mateschitz also nur eine große Marketing-Maschinerie.

Auch wenn das Unternehmen sein Hauptprodukt weder selbst erzeugt noch ausliefert, beschäftigte der Red-Bull-Konzern Ende 2010 eigenen Angaben zufolge im Hauptunternehmen, in der *Red Bull GmbH*, und in seinen diversen Tochtergesellschaften fast 7800 Mitarbeiter in 161 Ländern. Zum Vergleich: 2005 waren es „nur" 3100 Mitarbeiter in 115 Staaten. 2007 saß die Hälfte des Red-Bull-Personals in den USA und betreute die zahlreichen Auftritte auf dem wichtigsten Markt. Wie hoch die

Zahl der Mitarbeiter in den USA Ende 2010 war, ist nicht exakt bekannt. Tatsache ist aber, dass neue Märkte wie Russland für Red Bull immer wichtiger werden. Mehr als die Hälfte des Personals ist in irgendeiner Form als Manager tätig und darf sich auch so nennen. Bei Red Bull gibt es also sehr viele Häuptlinge und Oberhäuptlinge, aber nur sehr wenige Indianer. Das ist angesichts der Unternehmensstruktur nicht überraschend. Schließlich sind mit Produktion, Abfüllung und Auslieferung jene Bereiche ausgelagert, in denen wenig ansprechende, manuelle Arbeit geleistet werden muss.

Ohne Rauch geht nichts

Erzeugt und abgefüllt wird Red Bull weltexklusiv von der *Rauch Fruchtsäfte GmbH & Co*, die ihren Unternehmenssitz in Rankweil in Vorarlberg hat. Der 1919 gegründete Familienbetrieb hat sich nicht zuletzt aufgrund der lukrativen Partnerschaft mit Red Bull zu einem Branchenriesen entwickelt: Gemeinsam mit der 1998 übernommenen Brauerei *Fohrenburg* beschäftigt *Rauch* mehr als 1400 Mitarbeiter und setzte 2009 knapp 670 Millionen Euro um. Mit einem Exportanteil von mehr als 50 Prozent gehören die Vorarlberger zu den führenden Anbietern von Fruchtsäften und Eistee in Europa. Mit der Marke *bravo* sind sie etwa Marktführer in Italien.

Zu seinem Großkunden Red Bull kam *Rauch* wie die sprichwörtliche Jungfrau zum Kind: Mateschitz, der am Beginn seiner Unternehmertätigkeit äußerst knapp bei Kasse war, hatte weder das Geld noch den Willen, eine eigene Produktion aufzuziehen. Also wurde der Neo-Unternehmer, der nicht viel mehr als eine Idee vorweisen konnte, beim damaligen Firmenpatriarchen Franz Rauch vorstellig. Dieser erzählte später einmal in launiger Runde, Mateschitz habe ihm eine Beteiligung angeboten. Als er, Rauch, jedoch den Energydrink gekostet habe, habe er das Angebot rundweg abgelehnt. Dieses Getränk werde nie und nimmer ein wirtschaftlicher Erfolg, war Rauch sicher. Seine damalige Entscheidung sollte er später noch oft bereuen. Allerdings wurde er mit Mateschitz auf Basis eines Auftrags handelseins. Per Handschlag wurde die Produktion von Red Bull vereinbart, die dann 1987 in der Gemeinde Nüziders begann, unweit der *Rauch*-Zentrale in Rankweil. „Wir stehen einander hoffnungslos loyal gegenüber", beschrieb Mateschitz einmal das Verhältnis zu seinem Abfüll-Partner.

Experten schätzen, dass der Fruchtsaftkonzern mehr als 40 Prozent seines Umsatzes Red Bull zu verdanken hat. Damit das auch in Zukunft so bleibt, hat *Rauch* in den vergangenen Jahren insgesamt 60 Millionen Euro in sein Werk in Nüziders investiert. Im benachbarten Ludesch betreibt Red Bull eine kleine Niederlassung. Diese soll einen eigenen Bahnanschluss erhalten, damit die Rohstoffe schnell angeliefert werden können. Mateschitz lobt die Verlässlichkeit und Produktivität der *Rauch*-Mitarbeiter und schwärmt gleichzeitig von der „fantastischen Wasserqualität" in Vorarlberg. Auch wenn mittlerweile Milliarden von Dosen per Schiff um den Globus gebracht werden müssen, kommt eine Verlagerung der Produktion für den Red-Bull-Gründer nicht in Frage. Interessanterweise soll es nach all den Jahren der Zusammenarbeit noch immer keinen schriftlichen Vertrag geben, der die Kooperation zwischen Red Bull und *Rauch* regelt. Für Dietrich Mateschitz ist im Wirtschaftsleben ein Handschlag unter Männern eben noch etwas wert.

Seit Ende 2005 produziert auch die *Rauch Schweiz AG* für Red Bull, die direkt an der Grenze zu Österreich liegt. Mittlerweile werden dort 50 Prozent aller Red-Bull-Dosen erzeugt – vor allem jene, die auf den US-Markt gehen.

Das Rauch-Areal befindet sich in unmittelbarer Nachbarschaft zu einem weiteren Unternehmensstandort in Vorarlberg und war zum Zeitpunkt des Kaufes im Jahr 2002 von diesem nur durch eine Mauer getrennt. Die *Rauch Schweiz AG* war übrigens bereits 1984 als *Rauch Domestic AG* gegründet worden – bestand also schon vor der Partnerschaft mit Red Bull. Auch der Energydrink-Konzern hat in der Schweiz eine eigene Tochter gegründet, die *Red Bull AG Schweiz*. Diese hat ihren Sitz in Baar im Kanton Zug.

Die Schweizer Töchter sollen den Energydrink-Konzern aus dem ständig schwelenden Handelskrieg zwischen der EU und den USA heraushalten. Sollte der Wirtschaftskonflikt zwischen den beiden wirtschaftlichen Machtpolen eines Tages eskalieren, könnten über Nacht Hunderte europäische Unternehmen in den Vereinigten Staaten auf eine schwarze Liste gesetzt und mit einem Einfuhrverbot oder zumindest mit Einfuhrbeschränkungen belegt werden, fürchtet Mateschitz. Mit dem Werk in der neutralen Schweiz wähnt sich Red Bull außer Gefahr.

Mit Argusaugen behalten die Macher des Energydrink-Konzerns zudem das Kursverhältnis zwischen Euro und Dollar im Auge: Wenn bei mehr als 1,5 Milliarden in den USA verkauften Dosen pro Jahr der Kurs der US-Währung auch nur um 10 Cent gegenüber dem Euro fällt, bedeutet das einen Verlust von mehr als 150 Millionen Euro. Sollten sich die Amerikaner Red Bull aus Europa eines Tages nicht mehr leisten können, dann werde man eine Produktion in den USA aufziehen, sagte Mateschitz einmal. Derzeit hält er jedoch noch an der globalen Produktionsstätte Österreich/Schweiz fest. Diese Zusicherung des Red-Bull-Chefs bewog *Rauch* dazu, 2007 das neue Werk in Widnau weiter auszubauen: Die Produktionskapazität wurde von einer auf zwei Milliarden Dosen pro Jahr verdoppelt. Von Widnau aus werden nicht nur die USA, sondern natürlich auch der Schweizer Markt beliefert. Die Eidgenossen trinken immerhin 100 Millionen Dosen Red Bull pro Jahr.

Neben *Rauch* und seinen Mitarbeitern ziehen auch viele Bauern aus Vorarlberg und der Schweiz ihren Nutzen aus dem weltweiten Red-Bull-Boom. Sie liefern die für die Produktion notwendigen Zuckerrüben: „Rauch ist für uns zu einem sehr guten und wichtigen Kunden geworden“, zitierte das *St. Galler Tagblatt* den Direktor zweier Zuckerfabriken in der Schweiz. 2007 konnten die Eidgenossen ihre Zuckerproduktion um mehr als 10 Prozent auf 230.000 Tonnen steigern – vor allem dank Red Bull. Produzent *Rauch* kauft die Unmengen an Zucker, die für den Energydrink gebraucht werden, grundsätzlich nur von europäischen Rübenbauern. Der auf den Weltmärkten weitaus billigere Rohrzucker aus Dritte-Welt-Staaten ist tabu. Dafür zahlt die EU großzügige Agrarsubventionen: 2009 waren es 9,5 Millionen Euro – kein anderes „Agrar-Unternehmen“ in Österreich hat auch nur annähernd so stark von Brüssel profitiert.

Der Dosen-Partner

Red Bull ist in Vorarlberg ein bedeutender Wirtschaftsfaktor geworden, der mittlerweile auch Ansiedelungen von Zulieferbetrieben auslöst. Ende 2006 begann der britische Dosenhersteller *Rexam* in Ludesch mit dem Bau einer neuen Produktionsstätte. Ursprünglich sollten 66 Millionen Euro investiert werden. Unter dem Eindruck des wirtschaftlichen Erfolges des Energydrink-Konzerns wurde die Summe auf 100 Millionen aufgestockt. Mit dem Geld entstand neben der Abfüllanlage, die *Rauch* für Red Bull betreibt, ein Werk, in dem jährlich 1,7 Milliarden Dosen erzeugt werden können. Das neue

Werk ging Ende 2007 in Betrieb und hat eine direkte Anbindung an die Red-Bull-Abfüllstation.

Rexam ist mit einer Produktion von jährlich 60 Milliarden (!) Getränkedosen die Nummer eins auf dem Weltmarkt. Mit 23.000 Mitarbeitern in 20 Ländern erwirtschaftet der Konzern einen Jahresumsatz von mehr als 4,9 Milliarden Pfund (knapp 5,8 Milliarden Euro – alle Zahlen Stand Ende 2010). Von Beginn an, also seit 1987, ist das britische Unternehmen über seine Tochter *Rexam Beverage Can* mit Sitz in Enzesfeld (Bezirk Baden bei Wien) Partner von Red Bull. Heute werden die Red-Bull-Dosen in je zwei Werken in Österreich und Deutschland und in einer tschechischen Fabrik erzeugt.

Im Hause *Rexam* wurde auch das Styling der Dose entworfen. Die Aufgabe war, eine neue Verpackung für ein neuartiges Getränk zu entwickeln, die vor allem eine junge, dynamische Käuferschicht ansprechen sollte. Herausgekommen ist jene schlanke, hohe Dose, die wesentlich dazu beigetragen hat, dass sich Red Bull von Anfang an als eigenständiges Produkt auf dem Markt etablieren konnte. Das Design der Dose ist längst weltweit geschützt. In den Flugzeugen der *Flying Bulls*, Mateschitz' privater Flugzeugflotte, sind eigens für das Format gefertigte Dosenhalter eingebaut. Selbst die Farbkombination Blau und Silber hat man in vielen Ländern als geistiges Eigentum angemeldet. Allerdings hat es ausgerechnet in der Schweiz, wo Red Bull sein Getränk teilweise erzeugen lässt, das Patentamt im Jahr 2007 endgültig abgelehnt, die Kombination Blau-Silber für Red Bull zu schützen.

Fragen nach dem Umweltschutz werden im Zusammenhang mit der Verpackung von Red Bull kaum gestellt und schon gar nicht beantwortet. Vor eine Herausforderung wurden das Unternehmen und sein Zulieferer *Rexam* gestellt, als Deutschland im Jahr 2003 ein Pfandsystem für Getränkedosen einführte, das nach vielen Protesten und (provozierten) Problemen 2006 neu geregelt wurde. Seitdem müssen Geschäfte, die Getränke in Dosen führen, ab einer Verkaufsfläche von 200 Quadratmetern alle leeren Dosen zurücknehmen, also auch jener Marken, die sie gar nicht anbieten. Kleinere Läden, die keiner Kette angehören, müssen nur Dosen jener Getränke zurücknehmen, die sie auch verkaufen.

Red Bull ging auch beim deutschen Dosenpfand konsequent seinen eigenen Weg und schloss als einziger großer Anbieter mit dem Handel eine Sondervereinbarung ab: Die Red-Bull-Dosen erhielten einen blauen Verschluss mit einem eingestanzten Stier. Diese Dosen werden von allen Geschäften entgegengenommen. Damit ist das Red-Bull-Logo bestimmendes Element, was zur Weiterverbreitung der Marke beiträgt. Wie sagte Dietrich Mateschitz einmal in einem anderen Zusammenhang treffend: „Alles ist Marketing." Die zuckerfreie Version ist übrigens zum Teil ohne Pfand erhältlich, da sie auch für Diabetiker geeignet ist und solche Getränke aus dem Sammelsystem ausgenommen sind. Red Bull brachte aber auch eine Pfand-Variante auf den Markt. Als direkte Folge des deutschen Dosenpfands gibt es Red Bull seit 2008 auch als PET-Dose mit 250 Milliliter und als PET-Flasche mit 330 Milliliter. Diese beiden Formate wurden vor allem im Hinblick auf die Discounter entwickelt, damit diese den Energydrink anbieten konnten, ohne in das Pfandsystem einsteigen zu müssen.

Marke ohne Rechte

Red Bull lebte als Unternehmen von Anfang an im Wesentlichen von seiner Marke. Das Logo mit den beiden aufeinander zugaloppierenden roten Stieren vor einer gelben Sonne tauchte ab 1987 bei immer mehr Sportveranstaltungen auf. Entweder unterstützte der Energydrink-Konzern einzelne Athleten oder er trat gleich selbst als Veranstalter und Vermarkter auf. Umso mehr verwundert es, dass die *Red Bull GmbH* in Salzburg erst relativ spät Eigentümerin der Marke wurde. Am Beginn des Joint-Ventures zwischen Mateschitz und der Familie Yoovidhya im Jahr 1984 stand eine Vereinbarung, mit der Red Bull die Lizenz für das Logo des thailändischen Getränks *Krating Daeng* gewährt wurde. Der Vertrag war allerdings auf acht Jahre befristet, nach Ablauf dieser Zeitspanne wurde er um weitere fünf Jahre verlängert.

Erst 1998 übernahm die *Red Bull GmbH* die Rechte für das mittlerweile weltweit bekannte Markenzeichen: „Das war eine große, weitreichende Entscheidung", betonte Mateschitz damals im Interview mit dem Wirtschaftsmagazin *trend*: „Wenn ein Unternehmer die Lizenz nicht mehr verlängert bekommt, gibt es kein Unternehmen mehr. Dann hätte es Red Bull nicht mehr gegeben. In den Verhandlungen mit meinen Geschäftspartnern, die auch meine Freunde sind, wurde festgehalten, dass der Ursprung der Marke in Thailand liegt, aber durch unseren Erfolg es richtig erscheint, das Markeneigentum zu übertragen." Damit endete eine Abhängigkeit von den thailändischen Gesellschaftern, die im Falle des Falles eine existenzielle Bedrohung für den gesamten Red-Bull-Konzern gewesen wäre.

Die ursprüngliche Version von Red Bull, das *Krating Daeng*, wird in Thailand noch heute als billiges Flaschengetränk angeboten. Mit einem Marktanteil von 30 Prozent ist es freilich nicht so erfolgreich wie sein österreichisches Gegenstück. Zwischen der österreichischen und der thailändischen Version des roten Bullen gab und gibt es keine Gebietsaufteilung, mit Ausnahme von China, und diese fiel Anfang 2011. Teilweise sind beide Marken auf demselben Markt vertreten. Weil das zu unnötiger

Konkurrenz und Verwirrung der Konsumenten führt, kündigte Mateschitz bereits an, die beiden Produkte in naher Zukunft zusammenführen zu wollen.

Auch die Muttergesellschaft des *Krating Daeng*, die *T.C. Pharmaceutical Industries*, gibt es noch. Sie erwirtschaftete 2007 einen Jahresumsatz von rund 100 Millionen Euro. Das Unternehmen ist nicht das einzige Standbein der Yoovidhyas: Schließlich schätzte das US-Magazin *Forbes* das Vermögen von Clan-Chef Chaleo Yoovidhya im Jahr 2010 auf 4,1 Milliarden Dollar, was dem thailändischen Industriellen Platz 208 auf der berühmten Liste „The World's Billionaires" einbrachte – ex aequo mit seinem Geschäftspartner Dietrich Mateschitz.

Alle Experten sind darin eins: Die starke Marke ist einer der wichtigsten Faktoren für den Erfolg von Red Bull. Wesentlich ist, dass sie über all die Jahre hinweg nicht durch Lizenzprodukte verwässert wurde. „Ob Gummibären, Unterwäsche, Lederjacken, Parfüms oder Ski – bisher hat Dietrich Mateschitz alle Anfragen nach Lizenzverträgen abgelehnt", schreibt das *Wirtschafts-Blatt*. „Denn anders als Porsche oder Calvin Klein will Mateschitz die Exklusivität des Fuschler Stiers bewahren – obwohl er damit auf Millionen an Lizenzgebühren verzichtet. Doch die teuer aufgebaute Marke durch ein Schnickschnack-Produkt gefährden – so viel Geld kann man Mateschitz gar nicht bieten. Erst wenn der rote Bulle müder wird, dürfte der Chef wohl ‚ja' zu einem Lizenzprodukt sagen."

Die Marke Red Bull hat für ihre Eigentümer eine Gelddruck-Maschine in Gang gesetzt, die von Jahr zu Jahr schneller rotiert. Obwohl inzwischen mehr als 140 Konkurrenten versucht haben, mit ähnlichen Produkten und Namen durchzustarten, hält der Energydrink von Dietrich Mateschitz einen globalen Marktanteil von etwa 70 Prozent. Damit ist Red Bull weltweit eines der erfolgreichsten Produkte der vergangenen Jahre!

5. Wem gehört Red Bull?

Für Medien und Konsumenten ist klar: Red Bull ist Dietrich Mateschitz und Dietrich Mateschitz ist Red Bull. Der Mann und der Bulle gehören einfach zusammen. Tatsächlich hat der Konzern aber mehrere Eigentümer, von denen Mateschitz zwar der bekannteste, aber nicht der größte ist. Formal gehört die Konzernmutter, die *Red Bull GmbH*, zu 49 Prozent einem Unternehmen namens *Distribution & Marketing GmbH*, kurz: *D & M GmbH*. Die Initialen zeigen es: Hinter dieser Gesellschaft steht als 100-Prozent-Eigentümer niemand anderer als Dietrich Mateschitz selbst.

Weitere 49 Prozent hält die *T.C. Agro Trading Co. Ltd.* aus Hongkong. Aus dem Gesellschaftervertrag der *Red Bull GmbH* – dieser ist im Firmenbuch des Landesgerichts Salzburg hinterlegt – geht hervor, dass dieses Unternehmen seinen Sitz auf der Halbinsel Kowloon hat – genauer: im Stadtteil Tsimshatsui, in dem sich einige der teuersten Hotels der Stadt befinden. Die *T.C. Agro Trading* besitzt nur einen einzigen Raum. Es handelt sich offenbar um eine reine Beteiligungsgesellschaft, die ihren Sitz an einem internationalen Handelsplatz hat. Solche Konstruktionen sind in der Welt der global agierenden Konzerne durchaus üblich. Der Name weist auf ein Unternehmen hin, das mit landwirtschaftlichen Produkten handelt. Das entspricht durchaus den Tatsachen: Schließlich bezieht Red Bull in Österreich Förderung aus dem Landwirtschaftsministerium und aus Brüssel, weil es mit seinem Hauptprodukt Zucker veredelt und exportiert.

Die restlichen 2 Prozent gehören dem aus Bangkok stammenden Kaufmann Chalerm Yoovidhya, der laut Firmenbuch sowohl in London als auch im Bangkoker Stadtteil Bangbon einen Wohnsitz hat. Dessen Familie mit dem 1932 geborenen Chaleo Yoovidhya an der Spitze hält zudem die Mehrheit der Anteile an der *T.C. Agro Trading*, sodass dem thailändischen Unternehmerclan offiziell 51 Prozent der *Red Bull GmbH* gehören. Patriarch Chaleo Yoovidhya selbst scheint in der Liste der Teilhaber nicht mehr auf. Er hat seine Anteile bereits seinen Kindern übergeben, soll aber auf die Entscheidungen der Familie weiterhin großen Einfluss haben. Daher zählt er für Mateschitz – wie dieser selbst einmal bestätigte – noch immer zu den wichtigen Ansprechpersonen.

In Österreich wird Thailand häufig mit (Sex-)Tourismus und halbseidenen Geschäftsmethoden in Verbindung gebracht. Dass die Miteigentümer von Red Bull aus Thailand stammen, hat hierzulande daher wilde Spekulationen ausgelöst. Tatsache ist, dass es sich bei den Partnern von Dietrich Mateschitz keineswegs um windige Halbkriminelle handelt. Vielmehr sind die Yoovidhyas in ihrem Land als Unternehmer und Industrielle anerkannt und geschätzt.

Die Partner aus Fernost scheinen mit ihrem Minderheitseigentümer Mateschitz äußerst zufrieden zu sein. Warum sonst sollten sie ihn völlig frei schalten und walten lassen? Auf das operative Geschäft nehme die Familie Yoovidhya keinerlei Einfluss, lässt die Red-Bull-Zentrale verlauten. Nur einmal pro Jahr kommen die Gesellschafter nach Österreich. Dann wird für sie in aller Stille eine Suite im besten Hotel der Stadt Salzburg gebucht. Mehrere Tage lang gibt es intensive Gespräche mit Dietrich Mateschitz und führenden Mitarbeitern. Ansonsten lassen die Thailänder den Oberbullen in

Ruhe: „Als Geschäftsführer vertrete ich auch die anderen Gesellschafter. Das ist einfach eine Frage des Vertrauens, das unsere Gesellschafter in uns haben.“

So weit die offizielle Version. In der Branche und den Medien wird immer wieder bezweifelt, dass die Eigentümerverhältnisse tatsächlich jenen Zahlen entsprechen, die Red Bull auf Anfrage herausgibt. Zwei der drei Gesellschafter sind in Österreich noch nie öffentlich in Erscheinung getreten, was Mitbewerber und Journalisten stutzig macht. „Das finde ich gar nicht ungewöhnlich“, meint Dietrich Mateschitz auf das Thema angesprochen. „Ich selber versuche, einen großen Bogen um die Headlines zu machen, es ist schade um die Zeit. Und der Haupteigentümer hält es ebenso.“ Die Gesellschafter eines der weltweit erfolgreichsten Marketing-Konzerne scheuen also die Öffentlichkeit.

Tiefere Einblicke in das wirtschaftliche Reich des Dietrich Mateschitz und der Familie Yoovidhya sind auch aus einem anderen Grund schwierig: Red Bull ist zwar als Marke weltweit präsent und wirft eine Rendite ab, die Konzernmanager rund um den Globus vor Neid erblassen lässt, formal handelt es sich aber um ein relativ kleines Unternehmen. Für die verschiedenen Geschäftsfelder wie Motorsport, Fußball, Eishockey, Air Race oder Event-Management, bei Red Bull heißen diese *Corporate Projects*, sind Tochtergesellschaften zuständig. Produktion und Distribution des Hauptprodukts sind zur Gänze an externe Unternehmen ausgelagert. Daher hat die *Red Bull GmbH* weniger als 300 Mitarbeiter. Das hat zur Folge, dass Mateschitz und die Yoovidhyas keinen Aufsichtsrat einsetzen müssen. Und es gibt auch keinen Konzernabschluss, sodass sich die Höhe des Gesamtumsatzes und des Gewinnes bislang nur sehr umständlich errechnen bzw. schätzen ließen. Erst in jüngerer Vergangenheit wich Red Bull von der bis dahin restriktiven

Informationspolitik, um nicht zu sagen Heimlichtuerei, ab und teilte offiziell einen Rekordumsatz für 2010 mit.

Der Energydrink-Konzern ist also in puncto Kontrolle ein äußerst schlankes Unternehmen. Probleme hat Mateschitz damit nicht: Schließlich sei Red Bull keine Publikums-Gesellschaft, betont er gegenüber dem Wirtschaftsmagazin *trend*. „Außerdem wollen wir nicht unsere Vorzüge in Nachteile verwandeln, indem wir ähnliche Strukturen installieren wie die großen Konzerne. Ich habe selber schon ungefähr zwanzig Aufsichtsratsposten abgelehnt." Ganz so einfach, wie es Mateschitz hier darstellt, ist es aber dann doch nicht. Ehemalige Mitarbeiter berichten, dass Red Bull in der jüngeren Vergangenheit sich sehr wohl zum Konzern entwickelt hat, mit allen Strukturen, die dafür notwendig sind.

Der Erfolg in Zahlen

Etwas mehr als zwei Jahrzehnte nach dem Markteintritt ist Red Bull ein Unternehmen, das ein weltweit gefragtes und bisweilen auch heftig umstrittenes Getränk verkauft. Red Bull ist aber auch eine sehr wertvolle Marke. Experten schätzten ihren Wert Mitte 2010 auf rund 13 (!) Milliarden Euro – das war allerdings, bevor Sebastian Vettel für Red Bull Formel-1-Weltmeister wurde und sein Team auch den Konstrukteurstitel holte. Die Kurve zeigte in den vergangenen Jahren steil nach oben: 2004 war die Marke „nur" etwas mehr als sechs Milliarden Euro wert, 2007 lag der Wert bei elf Milliarden Euro. Vor allem die Übernahme zweier Formel-1-Teams und der Einstieg in den Profifußball hatten sich positiv auf den Wert ausgewirkt. Von 0 auf 13 Milliarden in nicht einmal 25 Jahren: Wenn man denn unbedingt das Bild eines kometenhaften Aufstiegs bemühen möchte: Hier ist es angebracht.

Umsatzzahlen gibt das Unternehmen, das sich zur Gänze in Privatbesitz befindet, nur sehr spärlich bekannt. Es sickern aber doch regelmäßig Zahlen in die Medien durch, wenn auch immer mit einiger Verspätung. Auch diese bilden den rasanten Aufstieg von Red Bull ab: 1987, im Jahr des Markteintritts, betrug der Umsatz gerade mal 1 Million Euro. 2002, 15 Jahre später, erlöste der Konzern 626 Millionen Euro. 2004 waren es bereits knapp 1,7 Milliarden – ein Zuwachs von 270 Prozent in nur zwei Jahren. Das fast exponentielle Wachstum ging weiter: 2006 lag der Umsatz schon bei 2,7 Milliarden Euro. Zudem gab das Unternehmen gegenüber der *Austria Presse Agentur* bekannt, dass Produktivität und Umsatzrentabilität noch einmal verbessert werden konnten. Die stärksten Umsatzzuwächse gab es 2006 in Osteuropa (plus 53 Prozent), Italien (plus 48 Prozent), Australien (plus 39 Prozent), Lateinamerika (plus 31 Prozent) und den USA (plus 27 Prozent).

Im Jahr 2007 wurde beim Umsatz zum ersten Mal die 3-Milliarden-Euro-Schallmauer angepeilt. 2008 lag der Umsatz dann schon bei 3,3 Milliarden Euro. Erst das Krisenjahr 2009 brachte die erste tatsächliche Wachstumsdelle, der Umsatz sank um 55 Millionen Euro. „Die Profite brechen weg“, schrieb das Wirtschaftsmagazin *Format*. Mateschitz verordnete seinen Mitarbeitern für 2009 eine Nulllohnrunde und kündigte an, frei werdende Stellen nicht nachbesetzen zu wollen. Aber schon 2010 ging es wieder bergauf: Das Jahr war nach Unternehmens-Angaben das beste in der Geschichte. Die Zahl der verkauften Dosen kletterte um 7,6 Prozent auf die schon erwähnten 4,2 Milliarden, der Umsatz stieg mit einem Plus von 15,8 Prozent sogar noch stärker auf fast 3,8 Milliarden Euro. Hauptgründe für diese positive Entwicklung waren starke Zuwächse in der Türkei, in Japan und Brasilien. Auch der Verkauf in den Kernmärkten

Deutschland und USA zog wieder mehr an. Für 2011 meldete Red Bull ähnlich ambitionierte Wachstumsziele an.

Der Jahresumsatz aus 1987 wird heute in nicht einmal zweieinhalb Stunden erwirtschaftet. Diese Entwicklung ist umso erstaunlicher, als Red Bull eigentlich ziemlich teuer ist. Experten haben aus der Bilanz herausgerechnet, dass die Gewinnspanne pro Dose nach Abzug von Materialkosten und sonstigen Leistungen bei sagenhaften 70 (!) Prozent liegt. Und trotz der vielen Billig-Konkurrenten dachte Mateschitz offenbar keine Sekunde daran, an der exklusiven Preispolitik etwas zu ändern. Zu Recht: Für ein paar Schlucke Lebensgefühl sind die Konsumenten offensichtlich bereit, viel tiefer in die Tasche zu greifen, als sie es dem Warenwert nach eigentlich müssten.

Die beeindruckende Bilanz wird durch einen Blick auf die Soll-Seite abgerundet: Die Verbindlichkeiten gegenüber Banken belaufen sich regelmäßig auf exakt 0 Euro. Kreditinstituten traut Mateschitz nicht über den Weg. Sein Motto: Bloß keine Schulden bei einer Bank. Und daran hat er sich seit der Gründung seines Unternehmens gehalten. Lediglich im zweiten Jahr musste Red Bull eine „geringfügige Bankfinanzierung" annehmen. Das Unternehmen gebe nur aus, was bereits verdient wurde, und nicht, was vielleicht einmal verdient wird, betont Mateschitz. Die Eigenkapitalquote lag in den vergangenen Jahren regelmäßig jenseits der 65-Prozent-Marke und war damit zweieinhalbmal so hoch wie bei einem durchschnittlichen österreichischen Unternehmen. 2008 besaß Red Bull fast 790 Millionen Euro an Eigenkapital und war damit eines der reichsten Unternehmen Österreichs.

Um keine Schulden machen zu müssen, habe es bei Red Bull bis inklusive 1999 keinerlei Dividenden-Auszahlungen gegeben, sagte Mateschitz wiederholt. Sämtliche Erträge seien in die Expansion geflossen. Von seinem Unternehmen will der Oberbulle bis dahin nur über sein Gehalt als Geschäftsführer profitiert haben.

Wie schaut es mit dem Gewinn konkret aus? Hier stammen die letzten bekannten Zahlen aus 2009. In diesem Jahr lag der Reingewinn nach Steuern bei 123,1 Millionen Euro. Das war zwar geringfügig mehr als 2008, aber nur mehr etwas mehr als die Hälfte des Rekordjahres 2007, als Red Bull 234 Millionen Euro Gewinn nach Steuern gemacht hatte. Für 2010 kündigte Mateschitz bei einem seiner seltenen Aufritte bei der Tagung der österreichischen Sportjournalisten an: „Wir haben die globale Wirtschaftskrise gut überstanden. Dieses Jahr wird wahrscheinlich eines der erfolgreichsten, oder das erfolgreichste Jahr überhaupt in der Geschichte von Red Bull werden."

Vom Gewinn bleibt einer internen Regelung zufolge lange Zeit die Hälfte im Unternehmen, nun dürfte es sich um ein Drittel handeln. Anfang 2009 erhielt die *Distribution & Marketing GmbH* laut *Format* nämlich 40 Millionen Euro überwiesen – etwa ein Drittel des Jahresgewinns von 2008. Aufgeteilt wird der Gewinn im Verhältnis 49:49:2 an die Gesellschafter: Je 49 Prozent gehen an die Mateschitz-Gesellschaft und an die *Agro Trading Co. Ltd.* der Familie Yoovidhya, 2 Prozent erhält Minderheitseigentümer Chalerm Yoovidhya. Auch wenn seit Beginn der Ausschüttungen jährlich 51 Prozent des Gewinns ins Ausland fließen, geht der heimische Fiskus nicht leer aus: Für Dividendenzahlungen ins Ausland sind 25 Prozent Kapitalertragsteuer fällig. Alleine 2009 waren das im Fall von Red Bull rund zehn Millionen Euro.

6. Ein neuer Konzern für eine neue Zeit

Red Bull ist ständig in Bewegung und damit immer am Puls der Zeit. Das gilt auch mehr als zwei Jahrzehnte nach dem Verkaufsstart noch. Dietrich Mateschitz hat es innerhalb weniger Jahre geschafft, aus dem Nichts ein neuartiges Produkt einzuführen, das die Märkte weltweit eroberte. Die ersten Jahre nach 1987 konzentrierte er sich in erster Linie darauf, sein Getränk an die Kunden zu bringen. Ende der Neunzigerjahre wurden fast im Monatsrhythmus neue Märkte erschlossen. 2006 begann der Verkauf in Japan, der werblich von sportlichen Investitionen wie Spielerkäufen des *FC Red Bull Salzburg* oder dem Einstieg in die NASCAR-Rennserie begleitet wurde. Red Bull kehrte in jenes Land zurück, aus dem die Energydrinks ursprünglich stammen – die Phase der Markteinführung war im 20. Jahr nach dem Markteintritt im Großen und Ganzen abgeschlossen.

Ein Mann wie Dietrich Mateschitz gibt sich damit aber nicht zufrieden. Getreu dem Motto „panta rhei" (alles fließt) hält er sein Imperium in ständiger Bewegung. Bereits in den letzten Jahren der Markteroberung begann sich der Red-Bull-Konzern von Grund auf zu verändern: Das Unternehmen entwickelte sich in die Breite. Red Bull beschränkte sich nicht mehr darauf, ein Getränk zu verkaufen und marketingmäßig auf Sportveranstaltungen diverser Subkulturen aufzutreten, sondern begann völlig neue Geschäftsfelder zu besetzen. 2003 sagte Mateschitz dem Wirtschaftsmagazin *trend*: „Jetzt kommt die Phase von Akquisitionen und Line-Extensions, die von der Kernmarke unabhängig sind. Wir sind Marketingleute. Uns interessieren Marken, von denen wir glauben, dass wir sie aus ihrem Dornröschenschlaf reißen könnten. Wir sind gute Trouble-Shooter, aber schlechte Statthalter und Administrierer."

Geld für spektakuläre Übernahmen wie die Einstiege in die Formel 1 und den Profifußball war zu diesem Zeitpunkt bereits ausreichend vorhanden. Mateschitz betont selbst: Sein wirtschaftliches Reich ist ein Marketing-Konzern, und so ist die gesamte Aktivität des Red-Bull-Konzerns vor dem Hintergrund des Marketings zu sehen. Alle sogenannten *Corporate Projects* wie Formel 1, Fußball, Air Race und Medien dienen dem Kerngeschäft, also dem Verkauf des Energydrinks. Umgekehrt soll das Kerngeschäft die *Corporate Projects* ankurbeln. Die beiden Bereiche stehen also in einem wechselseitigen Abhängigkeitsverhältnis: „Das Ganze ist Ausdruck einer gleichermaßen komplexen wie erfolgreichen Marketing- und Unternehmensphilosophie", erklärte Mateschitz einmal in der Tageszeitung *Der Standard*. Daher widme er beiden Bereichen in etwa gleich viel Zeit. In der Praxis wurde die Verbreiterung des Konzerns über die Gründung mehrerer Tochtergesellschaften abgewickelt. Das drücke „die Eigenverantwortung der jeweiligen Projekte" aus, so Mateschitz: „Als 100-prozentige Red-Bull-Töchter sind sie dennoch im Unternehmen Red Bull integriert und reportpflichtig."

Kultmarken haben ihre eigenen Gesetze, sonst wären sie ja nicht kultig. Manche von ihnen entwickeln sich scheinbar von selbst weiter, ohne dass Anstrengungen im Bereich der Werbung unternommen werden müssen. Sie erwecken bisweilen den Eindruck, als seien sie Selbstläufer, ein wirtschaftliches Perpetuum mobile, das am Ende Erfolg in Form von Gewinnen ausspuckt. In Wahrheit steckt auch oder vielmehr gerade hinter Kultmarken jede Menge Marketing. Das weiß kaum jemand besser als Dietrich Mateschitz. Sein Erfolg ist nicht zuletzt auf sein unwahrscheinliches Gespür für Markenfeeling, für Marketing und für gesellschaftliche und subkulturelle Entwicklungen zurückzuführen, das in der Red-Bull-Werbung seine höchste Vollendung findet.

Es gibt wohl kaum einen regelmäßigen TV-Zuschauer, der mit dem Slogan „Red Bull verleiht Flüüügel" nichts anfangen kann. Mittlerweile gibt es keine österreichische Tageszeitung mehr, die nicht täglich in irgendeiner Form über Red Bull berichtet oder über einen Sportler, den der Energydrink-Konzern unter Vertrag hat. Red Bull hat einen Bekanntheitsgrad, der wie jener von *Coca-Cola* oder *Pepsi-Cola* annähernd in den 100-Prozent-Bereich geht. Und vor allem: Die Menschen kennen das Produkt nicht nur, sie kaufen es auch. Red Bull habe eben seine „Hausaufgaben gut gemacht", sagte der Dosen-Imperator einmal in einem Interview mit den *Salzburger Nachrichten*. „Die Identifikation der Zielgruppe mit Red Bull ist sehr hoch, und wir waren die Ersten. Man lernt das schon im ersten Semester Marketing an der Universität, dass man sich abgrenzen muss. Konsumenten wollen das Original und nicht die Kopie."

„Messwein" des Konsumismus

Red Bull ist aber mehr als ein bloßes Original: Es ist verhältnismäßig teuer, hat es aber trotzdem geschafft, innerhalb kürzester Zeit zu einem integralen Bestandteil der Jugend- und Freizeitkultur zuerst in Österreich und Deutschland und dann in aller Welt zu werden. Wer Red Bull trinkt, löscht nicht seinen Durst, er konsumiert eine Portion Lebensgefühl einer neuen Generation: Er verleiht sich selbst jene Flügel, die ihm im Werbespot versprochen werden. Das Getränk erfüllt den Anspruch jener postmodernen, *konsumistischen* Gesellschaft, die der deutsche Kommunikationstheoretiker Norbert Bolz in seinem Buch *Das konsumistische Manifest* beschreibt. Laut Bolz hat sich unsere Gesellschaft längst vom Kapitalismus entfernt und eine höhere Stufe der wirtschaftlichen Entwicklung erklommen. Diese nennt Bolz *Konsumismus*: Im Kapitalismus sei es den Konsumenten um die Befriedigung ihrer Bedürfnisse gegangen. Im Konsumismus trete das Individuum (gibt es ein solches überhaupt noch in der Jeans- und Fast-Food-Gesellschaft?) hingegen mit dem Wunsch nach Veränderung auf den Markt.

Demzufolge hat sich die Präsentation der Produkte längst von der althergebrachten Reklame, bei der Funktionsweise und Vorzüge eines Produkts kommuniziert werden, zur Vermittlung eines Images gewandelt: Verwende dieses oder jenes Deodorant und du wirst unwiderstehlich. Rauche diese oder jene Zigarette und du erlebst Freiheit. Fahre dieses oder jenes Auto und du gehörst zur Gruppe jener, die es wirklich geschafft haben. Trinke dieses Getränk, es löscht zwar nicht deinen Durst, weil die Dose dazu zu klein ist, es verleiht aber Flügel. Die Produkte werden also über ihre bloße Wirkung hinweg angepriesen. Sie werden sinnlich aufgeladen: mit Image, mit Werten, mit Ideologien belegt. Bolz spricht in diesem Zusammenhang von einem „spirituellen Mehrwert". Dieser ersetzt jenes Bedürfnis nach Spiritualität, das die Menschen in früheren Jahrhunderten in den Kirchen fanden. Insofern ist Red Bull quasi der Messwein der neuen Religion des Konsumismus.

Der Marburger Soziologe Hartmut Lüdtke bringt es auf den Punkt: „Der Aufstieg von Red Bull fiel mit dem Aufkommen der Erlebnisgesellschaft zusammen." Während sich in den Achtzigerjahren in der Yuppie-Gesellschaft alles um die Anhäufung von Geld, Luxus und Statussymbolen gedreht habe, sei in den Neunzigerjahren eine Erlebnisgesellschaft entstanden. Und die trinke eben Red Bull. Was hier als fundamentale Kritik an der gesellschaftlichen Entwicklung der vergangenen Jahre erscheint, hat auch eine andere Seite: Bolz sieht im Konsumismus das weltweite Gegengewicht zum gewalttätigen religiösen Fundamentalismus.

Zurück zu Red Bull: Zum konsumistischen Wunsch nach Veränderung gesellt sich der Promi-Faktor. In den Achtzigerjahren musste Dietrich Mateschitz den damaligen Formel-1-Star Gerhard Berger noch bezahlen, damit dieser mit einer Dose Red Bull in der Hand durch das Fahrerlager schlenderte und sich dabei fotografieren ließ. Mittlerweile ist Red Bull auch das Getränk der Reichen, Schönen und Prominenten: Pop-Ikone Robbie Williams oder Filmstar Demi Moore schwören auf den Energydrink aus Österreich. Gérard Depardieu besucht anlässlich eines Auftritts bei den Salzburger Festspielen als Erstes nach der Landung das Restaurant *Ikarus* im *Hangar 7* und lässt sich dort mit einer schlanken blausilbernen Dose ablichten. Im August 2008 trat er sogar als Gastkoch im Nobelrestaurant des Dietrich Mateschitz auf. Britney Spears schlürfte Red Bull sogar während einer Pressekonferenz zu einem Cola-Werbevertrag.

Red Bull ist aber nicht nur das Getränk der Film- und Popstars. Sogar die einst so berühmt-berüchtigte Motorrad-Gang *Hells Angels* feierte ihr 50-jähriges Bestehen nicht mit Hektolitern von Bier, sondern züchtig mit Red-Bull-Dosen in der Hand – zuckerfrei versteht sich, denn: „Das einzig Harte an mir sind meine Fußnägel“, scherzte ein Höllenengel mit einer Dose *Red Bull Sugarfree* in die Kamera. Unbezahlbare Werbung: „Solche Dinge passieren, wenn das Image, die Einzigartigkeit, die Lifestyle-Komponente, aber auch die Glaubwürdigkeit einer Marke stimmen. Product-Placements dieser Art, wie auch in vielen Hollywoodfilmen, sind weder beeinflussbar, noch wären sie finanzierbar“, sagt Dietrich Mateschitz.

Für die einen ist Red Bull also Teil ihrer Kultur. Für die anderen ist das Getränk hingegen ein absolutes Feindbild. Das gilt vor allem für die politische Linke: Der Regisseur und Choreograf Johann Kresnik inszenierte 2003 für die Salzburger Festspiele eine sehr politische Version des *Peer Gynt*. In einer Schlüsselszene ließ er einen Klub von gelehrten Ideologen unter einem Hagel von Red-Bull-Dosen begraben. Der Energydrink diente hier als Symbol für die globale Spaß- und Eventgesellschaft, die vermeintlich alle Intellektualität bereits im Keim erstickt.

Die Kritik ist für Red Bull verkraftbar, schließlich schafft sie dem Getränk weitere Aufmerksamkeit. Und Aufmerksamkeit ist für den deutschen Wirtschaftsphilosophen Georg Franck die neue Währung der Wirtschaft, wie er in seiner Theorie zur *Ökonomie der Aufmerksamkeit* ausführt: „Wir leben in der Informationsgesellschaft und merken es daran, dass wir uns vor Information nicht mehr retten können. Das knappe Gut in der Informationsgesellschaft ist nicht die Information, sondern das ist die Kapazität, mit dieser Information etwas anzustellen, sie auszuwählen, sie zu verarbeiten. Kurz: die Aufmerksamkeit ist ein knappes Gut und wird aber dadurch immer knapper, dass die interessanten Verwendungsmöglichkeiten dieser Aufmerksamkeit zunehmen.“ Umso wichtiger sei es, so Franck, dass ein Produkt Aufmerksamkeit errege. Es scheint fast so, als hätte er seiner 1989 erstmals formulierten Theorie die Entwicklung des Red-Bull-Konzerns zugrunde gelegt.

Der Marketing-Konzern

Wirtschaft, vor allem Konsumgüter-Industrie, ist am Beginn des 21. Jahrhunderts also im Wesentlichen ein Kampf um Aufmerksamkeit. In diese Schlacht wirft Red

Bull mehr Material als all seine Mitbewerber und setzt dabei vor allem auf Sport – mehr dazu im nächsten Kapitel – und in jüngerer Vergangenheit verstärkt auf Kultur. Kein zweites Unternehmen gibt auch nur annähernd so viel Geld für Werbung und Marketing aus. Längst sind hier ungleich mehr Mitarbeiter beschäftigt als im ursprünglichen Kerngeschäft, dem Handel mit dem Energydrink. Das Imperium des Dietrich Mateschitz ist ein Marketing-Konzern von mittlerweile gigantischer Dimension. Daher ist im Firmenbuch als Geschäftszweig der Kerngesellschaft, der *Red Bull GmbH*; schlicht die „Verwertung der Marke Red Bull" angegeben.

Ein Drittel seines Umsatzes investiert Red Bull einem ungeschriebenen Gesetz zufolge in Werbung und Pflege der Marke. Bei einem Umsatz von fast 3,8 Milliarden Euro im Jahr 2010 stehen für diesen Bereich mittlerweile 1,25 Milliarden Euro zur Verfügung. Mateschitz ist bemüht, sich trotz dieses sagenhaft hohen Betrags kein „Dagobert-Duck-Syndrom" (Zitat: Mateschitz) umhängen zu lassen. „Die Summe relativiert sich, wenn Sie berücksichtigen, dass dies das Gesamtmarketingbudget ist, welches sich auf über 100 Märkte aufteilt", sagte er einmal dem Wirtschaftsmagazin *Format*. Man könne also keineswegs einfach aus dem Vollen schöpfen: „Die eingesetzten Mittel in den Bereichen klassische Werbung, Eventmarketing, Sportsponsoring etc. sind sehr genau überlegt. Es herrscht ein hohes Maß an Budgetdisziplin. Sie dürfen nicht den Fehler machen, die ‚Leichtigkeit des Seins' im Image der Marke Red Bull mit unserer Unternehmensphilosophie zu verwechseln. Es gibt keine Was-kostet-die-Welt-Mentalität, sondern ausschließlich die Frage nach Richtigkeit und Sinnhaftigkeit der Projekte." Vor diesem Hintergrund kann man auch das vorläufige Ende der Air Races sehen – einer Art Formel 1 der Lüfte: Bei steigendem Aufwand für Sicherheit und Problemen mit Austragungsorten wurde die Saison 2010 vorzeitig beendet und 2011 ausgesetzt – mehr dazu später.

Die gigantischen Werbeausgaben verstecken sich in der Red-Bull-Bilanz unter dem Titel „sonstige betriebliche Aufwendungen“, auf den eben rund 30 Prozent des Jahresumsatzes entfallen. Etwa die Hälfte des Marketing-Kuchens wird für ausgefallene Sportarten ausgegeben wie Laufen auf dem Himalaja, Skydiven über den Ärmelkanal, Surfen auf dem Amazonas oder Mountainbiking im Bergwerk. Diese Veranstaltungen locken zwar nicht allzu viele Zuschauer an, schließlich finden sie ja nicht gerade um die Ecke statt, sie stoßen aber aufgrund ihrer Extravaganz bei zahlreichen Medien auf Interesse und erreichen so eine größere Öffentlichkeit. Bekanntere und publikumswirksamere Events sind etwa die Air Races oder der Dolomitenmann, einer der weltweit härtesten Outdoor-Staffelbewerbe für Bergläufer, Paragleiter, Kajak-Paddler und Mountainbiker.

Veranstaltet werden nicht nur spektakuläre, sondern auch originelle Wettbewerbe wie Seifenkistenrennen, eine Papierflieger-WM oder die Red Bull Flugtage, bei denen es darum geht, mit selbst gebauten, möglichst witzigen Fluggeräten von einer Rampe ins Wasser zu gleiten. Meistens sind die Flüge von kurzer Dauer und gleichen eher Stürzen, sie sind aber ein großes Gaudium für die Zuschauer. Neben Veranstaltungen unterstützt der Energydrink-Konzern auch Athleten selbst. Dazu kommen Motorsport und Fußball, die besonders kostenintensiv sind.

Bei all seinen Engagements geht Red Bull einen konsequenten Weg des Corporate Design: Wenn sich das Unternehmen irgendwo engagiert, dann tut es das nur als Hauptakteur und unter dem eigenen Namen. Sportvereine und Sportunternehmen, die übernommen wurden wie die Formel-1-Rennställe *Jaguar Racing* und *Minardi* oder die Fußballklubs *Austria Salzburg* und *New York/ New Jersey Metro Stars* wurden sofort umbenannt und erhielten das Logo der beiden roten Stiere verpasst. Über Proteste gingen die Manager aus Fuschl einfach hinweg – Tradition ist keine Kategorie in der Geschäftswelt von Red Bull. Man blicke nicht in die Vergangenheit, sondern in die Zukunft, sagte die Unternehmenssprecherin zum Verfasser in einem anderen Zusammenhang. Das Zitat passt aber auch hierher.

Red-Bull-Events und Einsätze von Red-Bull-Athleten werden von Kamerateams und Fotografen im Auftrag des Energydrink-Konzerns gefilmt und fotografiert. Videos, Fotos, Texte und Interviews werden dann den Medien gratis zur Verfügung gestellt. Diese greifen gerne zu und machen so kostenlos Werbung für das Dosen-Imperium. Die Sendezeiten, Zeitungs- und Magazinseiten, die Red Bull auf diese Art erhält, ließen sich auf „normalem" Weg, sprich: durch das Buchen von Werbespots und Anzeigen, nicht einmal mit dem Marketing-Budget von 1,25 Milliarden Euro kaufen.

7. Der Sport-Konzern

Red Bull ist vieles, nur kein Produktionsunternehmen. Darauf wurde in diesem Buch bereits ausführlich hingewiesen. Wenn man es genau nimmt, ist das eigentlich nicht ganz richtig. Es stimmt: Erzeugung, Abfüllung und Distribution des Hauptprodukts sind ausgelagert. Red Bull produziert aber Jahr für Jahr zahlreiche Weltrekordhalter, Weltmeister, kontinentale und nationale Meister, Weltcupsieger usw. in den diversesten Sportarten. Dietrich Mateschitz hat nicht nur den Getränkemarkt weltweit aufgemischt, er hat auch eine neue Kategorie des Sportsponsorings geschaffen. Das betrifft nicht nur die Höhe des Budgets, sondern auch die Art, wie es eingesetzt wird: Vor Red Bull engagierten sich Unternehmen im Sport, um ein Image von Energie, Kraft und Ausdauer aufzubauen bzw. zu verbreiten. Red Bull fördert auch Einfallsreichtum, Kreativität und vor allem Witz, Intelligenz und Sympathie. „Wir haben das Sportsponsoring eigentlich neu definiert", sagt Mateschitz nicht ohne Stolz.

Das Unternehmen hält nichts von kurzfristigen Engagements oder einmaligen Aktionen, sondern bevorzugt Langzeitpartnerschaften, die vor allem mit Einzelsportlern eingegangen werden. Über diese Tatsache dürfen auch die unternehmenseigenen Fußballmannschaften und Rennställe nicht hinwegtäuschen. Fast 600 Sportler stehen derzeit bei Red Bull unter Vertrag: von den Größen im Gleitschirmfliegen und Klippenspringen über waghalsige Motorrad- und Mountainbike-Junkies bis hin zu Leichtathleten. Gefragt sind also nach wie vor in erster Linie Protagonisten aus den verwegensten Extremsport-, Stunt- und Abenteuerbereichen, die das Image des Unternehmens – jung, dynamisch, innovativ, abhebend – perfekt transportieren.

Die Erfolge der Athleten sollen auch den Erfolg von Red Bull selbst symbolisieren und fördern: „Die Sportler waren für uns die Pressesprecher", beschreibt ein ehemaliger Marketing-Manager des Dosen-Imperiums die dahinter stehende Philosophie. Einen großen Bogen macht man um alle Kampfsportarten. Gewalt passt nicht zum Image von Red Bull. Interessanterweise stiftete Mateschitz aber einen Preis für die besten Stunts und Actionszenen in Kinofilmen: Der *Taurus World Stunt Award* wird seit 2001 vergeben – mehr dazu später.

Neue Marke für neuen Sport

Es ist kein Zufall, dass Sport für Dietrich Mateschitz von Anfang an ein wichtiges Medium war, um seine Marke und sein Produkt in die Köpfe der Menschen zu bringen: Wo sonst sollte das neue Getränk besser zur Wirkung kommen? Schließlich beflügelt es laut Hersteller Körper und Geist. Und genau deswegen betreibt man auch Sport. Die Botschaft, die es zu transportieren galt, war denkbar einfach: Körperliche Aktivität und Red Bull passen, ja gehören zusammen.

Die Anfänge von Red Bull gehen auf die zweite Hälfte der Achtzigerjahre zurück. Nicht zufällig fallen sie damit zeitlich mit der „Geburt einer neuen Sportwelt“ zusammen, wie es die *Süddeutsche Zeitung* einmal ausdrückte, „in der viele junge Leute mehr Freiheit und Körperkultur zu entdecken glaubten als im strengen Olympia-Betrieb. Dieser anfangs bespöttelte sogenannte Fun- oder Extremsport mit seinen rebellischen Snowboardern und Abenteuerathleten passte ideal zum Image der neuen Leistungslimonade, die anfangs auch als Schmuggelware kursierte, weil sie nicht überall erlaubt war.“ Es haben sich also zwei Partner gefunden, die fast so etwas waren wie die beiden Seiten einer Medaille.

Man könnte nun trefflich darüber philosophieren, was denn zuerst da war: die Henne oder das Ei? Auf diese Frage gibt es bekanntlich keine einfache Antwort. Einerseits brauchte Red Bull den jungen frechen Extremsport, um sich positionieren zu können. Andererseits benötigten die Akteure Sponsoren, um ihre Sportarten überhaupt ausüben und damit weiterentwickeln zu können. Diese notwendige wirtschaftliche Unterstützung fanden sie im aufstrebenden Unternehmen aus Salzburg. „Mountainbiken, Drachenfliegen, Freeclimbing, Snowboarden ... das waren unsere Wurzeln“, sagte Mateschitz einmal. „Und man kann ja nicht wirklich sagen, dass es nicht funktioniert hätte. Heute heißt es halt Adventure oder Extreme Sports, aber ich glaube in aller Bescheidenheit, dass wir diese Sportarten geprägt haben.“

Mittlerweile ist die erste Generation der Red-Bull-Konsumenten erwachsen geworden und mit ihr auch die Marke. Wer sich früher todesmutig an einem Gummiseil von einer Brücke stürzte oder auf einem primitiven Snowboard der ersten Generation seine ersten Schwünge im Tiefschnee abseits der präparierten Pisten wagte, der ist heute gesetzter, trägt bisweilen einen Bauch und ist oftmals vom Fun- zum TV-Sportler geworden. Und was wird dort in erster Linie geboten? Fußball und Motorsport, mit Vorliebe Formel 1. Dazu kommt, dass Red Bull heute als Marke weltweit und quer durch alle Gesellschaftsschichten präsent ist. Daher ist für das Unternehmen ein verstärktes Marketing-Engagement im sportlichen Mainstream geradezu Pflicht: Formel 1, Fußball, Eishockey usw. – Red Bull schwimmt längst nicht mehr gegen, sondern gewinnbringend mit dem Strom. Parallel zum Engagement im medialen Breitensport leistet sich Red Bull aber weiterhin den Luxus, im großen Stil in Randsportarten und Einzelsportler zu investieren. Wenngleich auch hier die Grenzen zum Mainstream verschwimmen, wie das Sponsoring von Skispringern wie Adam Malysz, Thomas Morgenstern oder Gregor Schlierenzauer zeigt.

Das goldene Drittel

Wenn Mateschitz über das Engagement seines Unternehmens im Sportbereich spricht, nimmt er oft das Wort „flankierende Maßnahmen“ in den Mund. Diese würden billiger sein, als mancher denke. Das mag zwar stimmen, dennoch sind die Ausgaben von Red Bull für den Sport gigantisch: Ein Drittel seines Gesamtumsatzes gibt der

Energydrink-Konzern pro Jahr für Marketing aus, wiederum ein Drittel dieses Topfes entfällt auf den Sport. Diese doppelte Drittel-Regelung ließ ein riesiges Sport-Imperium entstehen, das noch weiter wachsen dürfte. Anfang 2011 war das Marketing-Budget von Red Bull etwa 1,25 Milliarden Euro groß. Damit fallen für das Sportsponsoring rund 420 Millionen Euro ab. Die Hälfte des Sportbudgets fließt laut Mateschitz in den Motorsport. Angesichts dieser Dimension ist es kein Wunder, dass Red Bull Umfragen zufolge der bekannteste Sponsor Österreichs ist.

Mittlerweile pumpt Red Bull aber nicht nur Geld in den Sport hinein, sondern holt auch welches heraus, wenn auch noch in verhältnismäßig geringem Maße. Sämtliche Nutzungs- und Vermarktungsrechte liegen beim Konzern. Der Verkauf von Fan-Artikeln steigt mit dem Erfolg der verschiedenen Red-Bull-Formationen. So ganz nebenbei wird jeder Fan zum Werbebotschafter und trägt damit zur weiteren Verbreitung der Marke bei. Das garantiert mehr Umsätze, mehr Marketing- und damit Sportbudget und noch mehr Erfolge.

Dietrich Mateschitz hat eine Erfolgsspirale in Gang gesetzt, die sich Jahr für Jahr schneller dreht. Red Bull hat den Sport fast neu erfunden, wie die *Süddeutsche Zeitung* richtig anmerkt: „Und wenn man neben den Teams und Sportlern dann noch die ganzen Ereignisse und Wettkampfserien bedenkt, die das Copyright des Unternehmens tragen wie der Dolomitenmann, ein Staffelwettbewerb für Wildwasserkanuten, Bergläufer, Paragleiter und Mountainbike-Fahrer, oder die neue Air-Race-Weltserie, eine Art Formel 1 für Flugzeuge, wirkt es fast so, als habe Mateschitz neben seiner Energiebrause längst ein weiteres Produkt etabliert: den Red-Bull-Sport, hausgemacht und garantiert spektakulär." Red Bull ist längst ein Global Player in der Sportwelt.

US-Medien berichteten, Coca Cola habe seinen 2008 ausgelaufenen Sponsorvertrag mit dem Internationalen Olympischen Komitee bereits 2005 frühzeitig bis 2020 (!) verlängert, um einen Einstieg von Red Bull schon im Ansatz zu verhindern.

Am meisten Presse bekommt der Energydrink-Konzern mit seinem Engagement in der Formel 1 und im Fußball. Aber auch über andere Sportarten wie Eishockey, Beach-Volleyball, Skispringen usw. wird ausgiebig berichtet. An einigen Tagen findet sich das Logo auf jeder einzelnen Seite der Sportteile der großen Zeitungen. Unbezahlbare Werbung, die für Mateschitz wohl wichtiger ist als die erreichten Erfolge. Auf die Frage, ob es seine Vision sei, mit den Kickern von *Red Bull Salzburg* eines Tages die Champions League zu gewinnen, antwortete der Oberbulle einmal in einem Interview mit den *Salzburger Nachrichten* erstaunlich offen: „Ich muss jetzt aufpassen, wie ich das formuliere. Denn das hat für mich nicht einen so hohen Stellenwert. Klar ist, dass wir ehrgeizig sind und dort, wo wir dabei sind, auch Spitze sein wollen. Das heißt, dass wir im Fußball mittelfristig in Europa zu den Top 15 gehören wollen und in der Formel 1 zu den vier stärksten Teams. Aber die vordringlichste Herausforderung besteht eher darin, den Spirit am Leben zu erhalten, der Red Bull bisher ausgemacht hat. Und dass wir Erweiterungen für die Marke Red Bull finden, die innovativer sind als Kaugummis, Mode oder Sportartikel."

Kein Fan von Kommerz

Red Bull ist einer der weltweit größten Sportsponsoren. Oft wird Mateschitz vorgeworfen, er missbrauche den Sport für seine wirtschaftlichen Interessen. Um die Athleten selbst gehe es ihm nicht. Als Argumente führen seine Kritiker etwa die Tatsache an, dass Red Bull mehrere Jahre lang Misswahlen in der Formel 1 veranstaltete oder mediengerechte Partys schmeißt. Was habe das noch mit Sport zu tun? Die Antwort ist für Mateschitz einfach: „Das war da von Anfang an. Das macht den Sport aus", erklärte er der *Süddeutschen Zeitung*. „Den Turnvater Jahn, ja, den werden Sie schwerlich finden im 21. Jahrhundert!" Als Unternehmer neuen Zuschnitts bevorzugt Mateschitz andere, jüngere Traditionen im Sport, die des Randspektakels zum Beispiel: Cheerleader beim American Football, Partys und neuerdings sogar Flugshows an den Hahnenkamm-Wochenenden in Kitzbühel. Das macht für ihn Sport erst zum Gesamtkunstwerk, zum Ereignis mit echtem Flair: „Das ist ein Marketing-Tool. Es darf nur nicht so sein, dass die, die runterfahren, zu Statisten degradiert werden."

Wer Kommerz betreibt oder ihm das Wort redet, gerät schnell in Verdacht, Ideale über den Haufen zu werfen. Das gilt für den Sport ganz besonders. Daher betonen viele Manager, deren Unternehmen im Sport engagiert sind, ihnen gehe es nur um die Förderung der Jugend und Bewegung und garantiert nicht ums eigene Geschäft. Sollte der eine oder andere Vorteil aus dem Engagement im Sport erwachsen, könne man nichts dafür. Von Kommerz könne natürlich keine Rede sein. „Für mich existiert das Wort Kommerz nicht", sagt auch Dietrich Mateschitz. Er betont, nie daran geglaubt zu haben, dass ein Unternehmen nur aufgrund der Maximierung des eigenen Gewinns erfolgreich sein kann. Stattdessen redet er der Maximierung von Kreativität, Einsatz und Hingabe das Wort.

Dem Red-Bull-Gründer geht es um abstrakte Faktoren, die man zwar nicht messen und auch nicht einfach kaufen kann, die aber trotzdem wesentlich zum Erfolg eines Unternehmens beitragen. Dazu gehört auch das Wohlfühl- oder Party-Ambiente, das Red Bull am Rande seiner Sportveranstaltungen pflegt. Bei solchen flankierenden Events lassen sich in entspannter Atmosphäre Themen besprechen, die im Bürosessel zu manch hitziger Diskussion führen würden. Und es wird wohl auch schon das eine oder andere Geschäft angebahnt und abgeschlossen worden sein.

Was Mateschitz nach eigenen Angaben nie wollte: dem Sport nur sein Logo aufdrücken und später nachrechnen, wie lange es im Fernsehen war. „Man könnte mir die ganzen Banden eines Fußballstadions schenken, ich würde sie nicht nehmen, weil mir einfach der qualitative Aspekt von dem Ganzen fehlt. Unsere Philosophie ist, dass wir ein integraler Bestandteil der Sportart sind." Allerdings ist die berühmte Streif-Abfahrt in Kitzbühel mittlerweile fast durchgehend von Red Bull „gebrandet". Für Mateschitz sind Eigeninitiative und Individualität unternehmerische Prinzipien. Nur dadurch schaffe es Red Bull, sich von den zahllosen Kopien abzugrenzen. Sport ist für den Dosen-Konzern *das* Medium, um diese Prinzipien in die Öffentlichkeit zu transportieren.

Red Bulls „Dr. Seltsam"

20 Kilometer von der Stadt Salzburg entfernt liegt die kleine Gemeinde Thalgau. Den meisten ist sie nur durch die gleichnamige Abfahrt von der Westautobahn (A1) bekannt. Unweit der Autobahn und damit auch nicht weit von der Red-Bull-Zentrale in Fuschl am See befindet sich ein unscheinbares, aber doch schmuckes Gebäude, die Fassade in zartem Rosa und Weiß gehalten: eine ehemalige Drahtzieherei. Nur ein kleines Hinweisschild neben der Tür weist darauf hin, dass es sich hier um eine außergewöhnliche Anlaufstation für das Heer von Sportlern im Dienste Red Bulls handelt: „Diagnostic & Training Center" steht unter dem Red-Bull-Logo.

Das Zentrum wurde 2003 als „Dienstleistung“ (Zitat: Mateschitz) eingerichtet, weil der Red-Bull-Gründer der Meinung war, seine Athleten würden eine bessere Betreuung im Bereich der Leistungsdiagnostik verdienen: „Wir sind Maniacs auf dem Gebiet der Qualität.“ Daher wurde als Leiter der beste Leistungsdiagnostiker verpflichtet, den es für Geld gab: Dr. Bernd Pansold. Der Mann ist kein Unbekannter: „Red Bull und der Dopingarzt“ überschrieb die Nachrichtenillustrierte *ECHO* einen Beitrag über Pansold. Dieser konnte gegen diesen rufschädigenden Titel nicht klagen, schließlich trägt er ihn zu Recht: Pansold stammt aus der ehemaligen DDR und war als Arzt ein wesentlicher Teil im System des Staatsdopings, in dem der Arbeiter-und-Bauern-Staat schon Minderjährige vergewaltigte. „Pansold hat keine Skrupel“, sagte der Wiesbadener Experte für Doping und Sportrecht Michael Lehner gegenüber *ECHO*.

Lehner vertrat im großen Berliner Doping-Prozess 1998 einige Opfer. Dabei stieß er immer wieder auf den Namen des nunmehrigen Red-Bull-Arztes: „Pansold war in der Hierarchie ganz oben. Ohne Leute wie Pansold wäre das Doping nicht denkbar. Er selbst ist eine Koryphäe beim Doping und man braucht einen medizinischen Kopf im Hintergrund im Spitzensport.“ Pansold arbeitete bis zur Wende im Jahr 1989 in der Arbeitsgruppe „ZuLei“ – die Abkürzung stand für „zusätzliche Leistung“ – am Forschungsinstitut für Körperkultur und Sport in Leipzig und erforschte Einsatzmöglichkeiten und Wirkung von Anabolika. Dafür verurteilte ihn das Berliner Landgericht wegen Beihilfe zur Körperverletzung zu einer saftigen Geldstrafe. Diese Verurteilung führte zur Kündigung Pansolds im Olympia-Stützpunkt Obertauern, wo er unter anderem das Training von Hermann Maier überwachte. Wie viel DDR in seiner Arbeit von heute stecke, wollte die *Süddeutsche Zei-*

tung von Pansold wissen. „Der Vergleich mit der DDR ist völlig uninteressant", lautete die Antwort. Kryptischer Nachsatz: „Unsere Arbeit ist vor allem systematisch, nicht dem Zufall überlassen."

Mateschitz hat mit der Doping-Vergangenheit seines Arztes kein Problem, für ihn ist sie „Schnee von gestern". Dieser deckt offenbar zu, dass Pansold nicht nur eine tragende Säule im System des Staatsdopings war, sondern darüber hinaus für die Stasi unter dem Decknamen *Jürgen Wendt* seine Opfer auch noch bespitzelte. Für Mateschitz ist sein Doktor einfach „einer der besten Leistungsdiagnostiker der Welt". Auf Fragen nach der Vergangenheit seines Arztes reagiert er gereizt.

Das Engagement des ehemaligen Dopingarztes der DDR mag den Energydrink-Konzern in einem etwas schiefen Licht erscheinen lassen. Athleten, wie Dieter Kalt, der mehrjährige Kapitän der Eishockeymannschaft von Red Bull, betonen aber stets, die Dienste des Dr. Pansold müssten nicht in Anspruch genommen werden. „Wir gehen dorthin, um zu testen und wenn wir irgendwelche Problemchen haben, falls man sich krank oder nicht gut fühlt. Das war es dann. Wir können einfach die Möglichkeiten und Ressourcen von Thalgau nützen oder auch nicht, so wie wir das wollen", hielt Kalt im *ECHO* fest. Das Doping einzelner Akteure oder gar systematischen Einsatz verbotener Substanzen würde sich der so sehr auf sein Image bedachte Konzern wohl auch nie leisten.

Dennoch gab es auch bei Red Bull eine Doping-Affäre, über die allerdings in den heimischen Medien so gut wie nicht berichtet wurde: Jon Conway und Jeff Parke, Tormann und Verteidiger von *Red Bull New York*, waren im Oktober 2008 der Einnahme von anabolen Steroiden überführt worden. Es waren dies die ersten Dopingfälle in der Geschichte des Profifußballs in den USA. Beide Sportler wurden für zehn Spiele gesperrt und mussten zehn Prozent ihres Gehalts als Strafe abführen. Und beide spielten in der darauf folgenden Saison nicht mehr für den Energydrink-Konzern.

Teil II: Das Imperium des Bullen

8. Red Bull und die Formel 1

„Ich habe das Wrumm-wrumm-Syndrom." Dietrich Mateschitz ist ein Fan von Motorsport in allen Varianten und bekennt sich auch dazu. Sein größtes sportliches Idol ist Jochen Rindt, der erste österreichische Formel-1-Weltmeister, der 1970 bei einem Training tödlich verunglückte und den Titel posthum erhielt. Die Königsklasse des Motorsports ist neben Fußball aus wirtschaftlicher Sicht die wichtigste Sportart weltweit. Red Bull definiert sich als Konzern zu einem wesentlichen Teil über Sport, denkt und handelt global und hat einen Motorsport-Fan als Eigentümer und Geschäftsführer.

Der Einstieg in die Formel 1 war daher nur logisch und erfolgte bereits 1995, also noch vor dem globalen Durchbruch. Damals begann der Energydrink-Anbieter das kleine Privatteam des Schweizers Peter Sauber als Sponsor zu unterstützen. Kurzfristig besaß Red Bull sogar zwei Drittel der Aktien am Rennstall. Anfang 2002 verkaufte man das Paket wieder an Sauber zurück, der es postwendend an seinen Hauptsponsor *Credit Suisse* weitergab. Schon damals gab es Spekulationen, Red Bull könnte sich endgültig von Sauber trennen. Dazu kam es jedoch erst knapp drei Jahre später.

Der Bulle schluckt die Wildkatze

Ende 2004 kaufte Red Bull überraschend das Team *Jaguar Racing* und benannte es in *Red Bull Racing Team* um. Der Kaufpreis betrug gerade einmal eine Million

Dollar – auf den ersten Blick recht wenig Geld für einen attraktiven Multiplikator. Wie bei allen symbolischen Kaufpreisen müssen aber auch hier die Folgekosten berücksichtigt werden: Motorsport-Experten schätzen, dass der Energydrink-Konzern allein in den ersten drei Jahren 230 Millionen Euro investieren musste. Der Betrieb eines Formel-1-Rennstalls kostet rund 1,5 Millionen Euro pro Woche. Viel Geld, Red Bull kann es sich aber leisten.

Das Team *Jaguar Racing* war erst im Jahr 2000 aus dem ehemaligen *Stewart Team* hervorgegangen. In den vier Saisonen seines Bestehens gelang es dem Rennstall trotz hochfliegender Pläne nicht, auch nur annähernd an die Spitze vorzustoßen. Es wurde weder ein Rennsieg noch eine Poleposition herausgefahren. Die Höhepunkte waren zwei dritte Plätze, die Eddie Irvine in den Jahren 2001 und 2002 holte. Wegen der chronischen Erfolglosigkeit entschloss sich die Konzernmutter *Ford* zum Verkauf an Red Bull.

Mit der Übernahme eines Rennstalls in der Königsklasse des Motorsports setzte Mateschitz seiner weltweiten Marketing-Aktivität und seinem persönlichen Faible für heiße Boliden die Krone auf. Die Entscheidung soll er im Vorfeld mit seinen thailändischen Partnern beraten haben, auch wenn er deren Zustimmung nicht gebraucht hätte. Es sei einfach eine Frage des guten Tons, bei Akquisitionen Konsens herzustellen, betont er.

Das *Red Bull Racing Team* fährt zwar mit einer österreichischen Lizenz, es hat seinen Sitz aber in der mittelenglischen Stadt Milton Keynes und ist auch personell fast gänzlich in angelsächsischer Hand – bis auf den Ausnahme-Fahrer und Weltmeister von 2010, Sebastian Vettel. Der zweite Stammfahrer Mark Webber ist aber Australier. Christian Horner, Manager Jonathan Wheatley, der technische Direktor Adrian Newey und die Chefingenieure, -designer und -aerodynamiker stammen allesamt von den Britischen Inseln.

Mit dem Kauf eines eigenen Teams stieg Red Bull endgültig als Sponsor bei Sauber aus. Zwischen Peter Sauber und Dietrich Mateschitz kam es dadurch aber keineswegs zum persönlichen Bruch. Die beiden sind nach wie vor befreundet, Mateschitz soll in Fragen des Motorsports immer ein offenes Ohr für den Schweizer Rennfuchs haben. Dieser verkaufte übrigens Mitte 2005 80 Prozent seines Teams an *BMW*. Die Bayern hielten am Namen des Gründers fest, der Rennstall hieß bis zum Ende der Saison 2009 *BMW Sauber F1 Team*. Dann verkaufte *BMW* seine Anteile an Sauber zurück, der unter dem Namen *Sauber F1 Team 2010* wieder an den Start ging.

Die Scuderia Toro Rosso

Nach dem Kauf des *Jaguar*-Rennstalls bekam Mateschitz offenbar Appetit auf mehr. Im September 2005 setzte er den zweiten Streich in der Formel 1 und übernahm das Team *Minardi*. Dieses war 1980 von Gian Carlo Minardi gegründet worden und seit 1985 in der Königsklasse des Motorsports vertreten. In den 20 Jahren vor der Übernahme durch Red Bull „erwarb" sich *Minardi* einen Ruf als ewiger Hinterbänkler. Das Team war bis auf wenige lichte Momente über all die Jahre hinweg nur für Nachwuchsfahrer von Bedeutung. So drehten etwa Alessandro Nannini, Jarno Trulli, Giancarlo Fisichella, Fernando Alonso oder Mark Webber ihre ersten Formel-1-Runden in einem *Minardi*. Kaum zeigte ein Fahrer durch sein Können auf, wurde er von einem größeren Team übernommen. *Minardi* konnte sich nur durch mehrmalige Sonderzahlungen von Formel-1-Boss Bernie Ecclestone über Wasser halten.

2001 kaufte der australische Multimillionär Paul Stoddart das *Minardi Team*. Auch unter ihm blieb der große Durchbruch aus. Es sind die Zeiten aber auch lange vorbei, in denen ein rein privater Rennstall in der Formel 1 ohne Unterstützung durch einen Autokonzern größere Erfolge feiern konnte. Der personelle, technische und vor allem finanzielle Aufwand der Spitzenteams erreichte in den vergangenen 10 bis 15 Jahren Dimensionen, die auch für große Unternehmen nur mehr schwer verkraftbar sind. Ein privates Team wie *Minardi*, das über ein Jahresbudget von „nur" 40 bis 50 Millionen Dollar verfügte, konnte unmöglich mithalten. Formel-1-Experten meinen daher, es sei der größte Erfolg des *Minardi Teams*, dass es überhaupt so lange existierte.

Schon bei der Übernahme wurde klar, dass auch unter der Führung von Red Bull die großen Erfolge ausbleiben werden. Die neuen Eigentümer erklärten nämlich, man wolle den Rennstall zu einem Junior-Team neben dem *Red Bull Racing Team* aufbauen. *Minardi*-Fans setzten weltweit eine Petition in Umlauf mit der Bitte, der Dosen-Konzern möge doch den Namen und damit die 20-jährige Tradition in der Formel 1 erhalten – eine erstaunliche Parallele zur Übernahme des Fußballklubs *Austria Salzburg*. Red Bull ließ sich aber auch in diesem Fall nicht von Bitten und Protesten der Fans beeindrucken. Man beließ das Team zwar in Italien, benannte es aber in *Scuderia Toro Rosso* (Team Red Bull) um.

50-Prozent-Eigentümer wurde 2006 der ehemalige Formel-1-Pilot Gerhard Berger, der zu den engsten persönlichen Freunden von Dietrich Mateschitz zählt. Der 1959 geborene Tiroler ist mit 210 Starts, 10 Siegen und 38 zweiten und dritten Plätzen der erfolgreichste Formel-1-Pilot ohne Weltmeistertitel. Insgesamt absolvierte er 14 Saisonen als Fahrer. Danach war er weitere fünf Jahre als Motorsport-Direktor für *BMW* tätig. In dieser Funktion bereitete er die Rückkehr der Bayern in die Formel 1 vor, die 2000 gemeinsam mit *Williams* erfolgte. Im Herbst 2003 zog sich Berger ins Privatleben zurück. Er wolle sich um seine Familie in Monte Carlo und das von seinem Vater geerbte Speditions- und Logistikunternehmen kümmern, ließ er damals verlauten. Bereits 2005 kamen Gerüchte auf, Berger könnte wieder in die Formel 1 zurückkehren. Im Gespräch war er unter anderem wieder als Motorsport-Direktor von *BMW*. Im Februar 2006 teilte er dann überraschend mit, er habe 50 Prozent der *Scuderia Toro Rosso* übernommen. Im Gegenzug stieg Red Bull als 50-Prozent-Eigentümer in das Unternehmen Bergers ein.

Spätestens durch die Übernahme eines zweiten Rennstalls demonstrierte Red Bull, dass man auch in der Königsklasse des Motorsports nicht gewillt ist, kleine Brötchen zu backen – im Gegenteil: Man will ganz groß durchstarten und engagierte dazu Starkonstrukteur Adrian Newey. Er baute für das *Red Bull Racing Team* Autos, die seit der Saison 2007 mit Motoren aus dem Hause *Renault* ausgestattet sind. Die *Scuderia Toro Rosso* gehen seit der Saison 2007 mit *Ferrari*-Maschinen an den Start.

Gleich zweimal Weltmeister

Red Bull Racing solle mittelfristig zu den vier Top-Teams der Fomel 1 gehören, sagte Mateschitz 2007. Dazu investierte Red Bull Insidern zufolge 150 Millionen jährlich in den Rennstall – weitere 40 Millionen pro Saison sollen in die *Scuderia Toro Rosso* geflossen sein. Nur zwei Jahre später war diese vollmundige Ankündigung in die Realität umgesetzt. 2009 feierte das Team sechs Siege, sechs zweite und vier dritte Plätze und konnte zudem auf fünf Pole-Positions verweisen. Der Lohn war Platz zwei in der Konstrukteurs-WM der Rennställe. 2010 gewann *Red Bull Racing* mit neun Siegen, sechs zweiten und fünf dritten Plätzen die Konstrukteurs-WM und auch die Fahrer-WM. Der Erfolg trägt vor allem einen Namen: Sebastian Vettel.

Der 1987 in Heppenheim (Hessen) geborene Deutsche schaffte 2008 als jüngster Fahrer in der Formel-1-Geschichte für die *Scuderia Toro Rosso* den bislang einzigen Sieg und wechselte 2009 ins Hauptteam. Den Weltmeistertitel 2010 sicherte er sich als krasser Außenseiter in einem Herzschlagfinale im allerletzten Rennen der Saison. Der erste Weg führte ihn nach den Feiern in Abu Dhabi, dem Ort des letzten Rennens, direkt nach Salzburg, wo er im *Hangar 7* von Red Bull der deutschsprachigen Presse präsentiert wurde. Dietrich Mateschitz gratulierte zwar auf dem Rollfeld unmittelbar nach der Landung, hielt sich aber ansonsten zurück.

Dabei wäre Vettels Aufstieg ohne Mateschitz in diesem Tempo kaum möglich gewesen: Im Alter von 20 Jahren hatte Mateschitz den Absolventen des *Red Bull Junior Team*, eines Trainingsprogramms für talentierte Nachwuchsrennfahrer, in das Cockpit eines Formel-1-Rennwagens gesetzt. Sportlich haben Vettel und Mateschitz noch viel vor. Deutsche Medien vergleichen den sympathischen Champion schon längst mit Michael Schumacher, dem mit sieben WM-Titeln erfolgreichsten Formel-1-Piloten aller Zeiten.

Für Vettels Ex-Team, die *Scuderia Toro Rosso*, dürfte es hingegen keine allzu rosige Zukunft geben. Ende 2008 zog sich Gerhard Berger zurück und verkaufte seine Anteile an Red Bull, während der Energydrink-Konzern weiterhin an Bergers Firma beteiligt blieb. Dieser Ausstieg soll kurzfristig auch das persönliche Verhältnis zu Mateschitz belastet haben. Hintergrund des Ausstiegs: Mateschitz hatte zuvor angekündigt, das zweite Red-

Bull-Team noch vor 2010 verkaufen zu wollen. Grund war eine Änderung im Reglement, die mit diesem Jahr in Kraft trat. Damit war den beiden Red-Bull-Teams die Nutzung von Synergien beim Design und der Konstruktion verboten. Daher musste die *Scuderia Toro Rosso* 2010 auch zum ersten Mal mit eigenem Chassis in die WM starten. Die beiden Fahrer, Sébastien Buemi aus der Schweiz und Jaime Alguersuari aus Spanien, schafften 13 WM-Punkte und damit Rang neun unter den zwölf Teams der Konstrukteurs-Wertung. Bis Ende 2010 gehörte das Team allen anderen Ankündigungen zum Trotz noch immer dem Mateschitz-Konzern. Sollte es bei der Konstruktion mit den beiden Red-Bull-Teams bleiben, ist nicht damit zu rechnen, dass die *Scuderia Toro Rosso* eine große Rolle in der Formel 1 spielen wird.

Kreative Auftritte

Das Engagement von Red Bull im Formel-1-Zirkus ist kein Selbstzweck. Daran ließ Dietrich Mateschitz von Anfang an keinen Zweifel: „Wir glauben, dass der Einstiegszeitpunkt generell, und bei Jaguar insbesondere, jetzt der richtige ist." Der Erfolg gab ihm recht: Seit 2005 wachsen die Marktanteile von Red Bull in den USA, im Mittleren Osten und in Australien überdurchschnittlich. In all diesen Regionen ist auch die Königsklasse des Motorsports zu Gast. „Unser Engagement basiert nicht auf Gefallen, sondern ist ein wichtiges Marketingtool", betonte Mateschitz einmal im Wirtschaftsmagazin *Format*. Ein Renntag sei für ihn ein Arbeitstag. Es könne keine Rede davon sein, dass er sich einen Bubentraum erfüllen wolle: „Unsere Philosophie im Sportsponsoring ist, nicht mit einem Koffer voll Geld herumzurennen und Werbefläche zu kaufen. Wir wollen nicht wie Marlboro auf den Ferrari, sondern in die Sportart integriert sein.

Darum haben wir ein F1-Team. Wir wollen die Gesamtverantwortung und etwas bewegen. Und man sagt, dass wir die ganze Formel 1 umgekrempelt haben, zum Besseren."

Wahrgenommen werden im Zusammenhang mit Red Bull und der Formel 1 derzeit weniger die sportlichen Erfolge, sondern vor allem die rauschenden Partys und das prunkvolle Motorhome. Für den Grad Prix von Monte Carlo wurde im Jahr 2007 sogar ein dreistöckiges Floß in Italien gebaut und 80 Kilometer über das offene Meer geschleppt. Auf dem schwimmenden Partyhaus samt Swimmingpool fanden 800 Gäste Platz. Elf Köche sorgten für das leibliche Wohl.

Diskussionen gab es weiters über die „Formula Unas": Junge, hübsche Mädchen spielten in der Präsentation des Energydrinks stets eine wichtige Rolle und dürfen natürlich auch im Formel-1-Zirkus nicht fehlen. Red Bull wäre nicht Red Bull, würde das Unternehmen nicht auch hier unkonventionell auftreten: Während andere Teams ihre Fahrer mit professionellen, teuren Models schmücken, kürte Red Bull seit 2005 an jedem Austragungsort einen weiblichen Motorsport-Fan zur „Formula Una". Von einer Misswahl wollte Mateschitz in diesem Zusammenhang nichts wissen: „In unserem Sprachgebrauch ist das Wort ‚Miss' und ‚Contest' verboten. Das *Red Bull Racing Team* lädt in jedem Land, wo ein Grand Prix stattfindet, in Zusammenarbeit mit einer Tageszeitung oder einem Rundfunksender zehn Mädchen ein. Die brauchen dazu weder einen Modelvertrag noch Beziehungen zu einem Silikonchirurgen. Es genügt, sympathisch, gescheit, motorsportinteressiert und extrovertiert zu sein. Eine wechselnde anonyme Jury kürt die nationale Gewinnerin. Beim F1-Finale in Shanghai wird aus den 19 Siegerinnen die *Formula Una* gewählt."

Auch wenn es Mateschitz nicht hören oder lesen wollte: Das Konzept entsprach exakt dem einer Misswahl. Vielleicht war es auch diese Kritik, die dazu führte, dass die Wahl der Formula Unas 2009 ohne Angabe von Gründen eingestellt wurde. Medien wussten von notwendigen Einsparungen zu berichten. Das erscheint allerdings wenig glaubhaft, wenn man die Kosten für den Missen-Contest mit denen des Rennbetriebs vergleicht.

(K)ein Rennzentrum für Red Bull

Seinen Kritikern hält Mateschitz stets entgegen, er habe noch nie etwas angekündigt, was er dann nicht realisiert habe. Der Red-Bull-Gründer hat zwar sagenhaft viel erreicht, aber auch er musste den einen oder anderen Rückschlag hinnehmen. Seine bislang größte Pleite steht in indirektem Zusammenhang mit den Formel-1-Ambitionen von Red Bull: Sie betrifft die Pläne für den ehemaligen A1-Ring in Spielberg (Steiermark). Auf dem 1969 gebauten Kurs fanden bis 1987 die Rennen um den Großen Preis von Österreich statt. Der alte, sechs Kilometer lange Österreichring war eine absolute Hochgeschwindigkeitsstrecke und galt zwischenzeitlich als schnellster Kurs der Formel 1. Nach zwei Startkollisionen mit Millionenschaden verabschiedete sich allerdings der Formel-1-Rennzirkus. In den Jahren 1995 und 1996 wurde die Strecke nach langen politischen Diskussionen auf 4,3 Kilometer verkürzt und mit modernsten Sicherheitseinrichtungen ausgestattet. Damit machte man der Formel 1 eine Rückkehr schmackhaft. Zwischen 1997 und 2003 fanden weitere sieben Rennen statt.

Allerdings spielte der A1-Ring für Formel-1-Boss Bernie Ecclestone keine zentrale Rolle mehr. Sein Blick richtete sich auf die großen Märkte in Asien und in den USA. In „good old Europe“ gibt es ohnehin einige Klassiker der Formel 1. Also verabschiedete man sich 2003 erneut aus Österreich – dieses Mal wohl für immer. Als offizieller Grund wurde das damals bevorstehende EU-weite Werbeverbot für Tabakwaren genannt. Zudem war der neue A1-Ring bei den Fahrern nicht mehr so beliebt wie sein Vorgänger. Im Vergleich zum alten Kurs verfügte er nicht mehr über die zahlreichen, schnellen „Mutkurven". Allerdings schätzten Fans und Medien die Strecke: Während andernorts über langweilige Rennen gemurrt wurde, garantierten hier mehrere Stop-and-go-Abschnitte spannende Überholmanöver. Deshalb diente der A1-Ring als Vorbild für andere Umbauten, etwa für den neuen Hockenheimring. Er war also letztlich auch richtungweisend.

Nach dem Rückzug der Formel 1 aus Österreich pachtete der Red-Bull-Konzern Anfang 2003 das Areal vom Grundstückseigentümer, dem Land Steiermark. Zuvor musste die öffentliche Hand jedoch den Vorpächter, den Autofahrerklub ÖAMTC, mit 16 Millionen Euro ablösen. Red Bull wollte den Ring zu einer Motorsport- und Flugakademie ausbauen und bis zu 750 Millionen Euro investieren. Es kam jedoch alles anders als geplant: Teile der Bevölkerung liefen Sturm gegen das Projekt. Man fürchtete Umweltverschmutzung und Lärmbelästigung. Dietrich Mateschitz soll bitter enttäuscht gewesen sein, als er davon hörte, dass ihn viele Steirer nicht als großen Retter priesen, sondern als Störenfried sahen. Abgesehen von den Protesten gab es auch einen negativen Bescheid des österreichischen Umweltsenates. Red Bull zog daraufhin seine Pläne zurück. Ein jahrelanger Rechtsstreit mit Behörden und Bevölkerung passt so gar nicht zum Image des Unternehmens. Danach wurde mit Abbrucharbeiten begonnen, sodass die Rennstrecke nicht mehr benutzbar war.

Nach intensiven Bemühungen der steirischen Landespolitik hieß es aber, es könne ein Nachfolgeprojekt realisiert werden. Der A1-Ring solle als Rennstrecke reaktiviert und vor allem der Fahrzeugindustrie als Testkurs mit Off-Road- und Straßenbereich schmackhaft gemacht werden. Dazu war auch eine Nutzung als Freizeit- und Incentive-Zentrum geplant. Die Investitionssumme für die abgespeckte Version wurde mit 150 Millionen Euro beziffert. Red Bull stand für „Spielberg Neu" wiederum als Hauptträger zur Verfügung, beteiligte sich jedoch nicht mehr an der Projektgesellschaft. Zudem wurden *Volkswagen* und *KTM* als Investoren und Nutzer gewonnen.

Vierter im Bunde war der *Magna*-Konzern. Dessen Gründer und Mehrheitseigentümer, der Austro-Kanadier Frank Stronach, stammt so wie Mateschitz aus der Steiermark. *Magna* ist in der Autoindustrie als Entwickler, Zulieferer und Produzent tätig. Für *BMW* entwickelte man etwa die Gelände-Limousine *X3*, die auch im *Magna*-Werk in Graz gebaut wird. Weitere Kunden sind unter anderem *Mercedes* und *Chrysler*. So wie Red Bull ist *Magna* auch ein großer Spieler im österreichischen Fußball. Der Konzern war von 1999 bis 2008 Hauptsponsor des Traditionsklubs und mehrmaligen Meisters *Austria Wien* und stieg danach bei Wiener Neustadt als neuer Förderer ein. Frank Stronach war zudem von 1999 bis 2005 Präsident der Bundesliga. Anders als Mateschitz hat er bei seinem Einstieg in den Fußball jedoch nicht mit alten Vereinstraditionen gebrochen.

Der Bau des neuen Österreichrings hätte eigentlich 2007 beginnen sollen. Allerdings zog sich das notwendige Genehmigungsverfahren länger hin, als es sich die Bewerber erhofft hatten, obwohl die Landesregierung einhellig hinter dem Projekt stand und die Bürgerinitiative „Pro Spielberg" fast 13.000 Unterschriften sammelte. Als im Lauf des Jahres 2007 kein Ende des Verfahrens in Sicht war, verabschiedete sich zuerst *Volkswagen*, dann ruderte *KTM* zurück und am Schluss sagte sich noch

Magna vom Projekt los. Anfang August räumte Dietrich Mateschitz in einem Interview mit der *Kleinen Zeitung* ein: „Das Projekt Spielberg ist so gut wie gescheitert. Der Ring wird eine Geisterstadt, wo einmal im Jahr das Deutsche Tourenwagen Masters stattfinden wird. Da mache ich mir nichts vor."

Der Oberbulle deutete es hier an: Red Bull war als Pächter verpflichtet, den ursprünglichen Zustand des Ringes wiederherzustellen. Insofern war die medial transportierte Überraschung nicht wirklich verständlich, als Mateschitz im Frühjahr 2008 über die *Kleine Zeitung* mitteilen ließ, die abgerissene Rennstrecke werde wieder aufgebaut. Mit einer Investitionssumme von 70 Millionen Euro war das neue Projekt abermals kräftig abgespeckt. Neun Millionen Euro steuert der *Austria Presse Agentur* zufolge das Land Steiermark aus Steuermitteln bei. Ein schlechtes Geschäft, wenn man bedenkt, dass man nach jahrelangem Stillstand und Dauerstreit, der die Bevölkerung gespalten hat, nun nicht viel mehr hat als vor der Übernahme der Rennstrecke durch Red Bull. Dennoch sind die Freude der Landes- und Kommunalpolitik und die Dankbarkeit gegenüber Mateschitz groß. So betonte der steirische Wirtschafts- und Finanzlandesrat Christian Buchmann (ÖVP), er freue sich, dass Mateschitz Wort gehalten habe. Der neue *Red Bull-Ring*, wie die Strecke nun offiziell heißt, soll am 5. Juni 2011 mit einem Rennen der DTM (Deutsche Tourenwagen-Meisterschaft) eingeweiht werden. Spekulationen, nach dem WM-Titel von Vettel könnte auch die Formel 1 auf dem *Red Bull-Ring* zu Gast sein, verwies Mateschitz ins Reich der Fantasie.

9. NASCAR und weitere Motorsport-Engagements

Die Formel 1 ist die weltweit wichtigste Motorsportklasse. Allerdings ist sie nicht überall die dominierende Liga – vor allem nicht auf dem wichtigen US-Markt. Daher teilte Red Bull im Jänner 2006 mit, man werde sich ab der Saison 2007 auch in der amerikanischen NASCAR-Rennserie (National Association for Stock Car Auto Racing) beteiligen. Die NASCAR-Serie ist nicht nur die oberste, sondern auch die beliebteste Liga im US-amerikanischen Rennsport. Von den 20 größten Sportveranstaltungen der USA sind 17 NASCAR-Rennen. Ihre Wurzeln gehen auf die Zeit der Prohibition während der Zwanzigerjahre zurück. Damals frisierten Alkoholschmuggler ihre Autos auf, um im Falle des Falles der Polizei davonfahren – von rasen konnte man damals noch nicht sprechen – zu können. Noch heute werden Boliden eingesetzt, die an Serienmodelle angelehnt sind. Das bietet den Fans die Möglichkeit, sich mit den Fahrern auf den Kursen zu identifizieren, was wesentlich zur Beliebtheit der Liga beiträgt. Attraktiv ist die Rennserie auch wegen der moderaten Eintrittspreise und des relativ offenen Fahrerlagers.

Red Bull ist eines jener Teams, das auf den traditionell überhöhten Ovalen wie in Daytona oder Indianapolis mit Autos aus dem Hause *Toyota* an den Start geht. Der japanische Konzern ist der erste nicht amerikanische Hersteller seit 50 Jahren in der NASCAR-Serie. Die eingesetzten Autos sind an das Serienmodell *Camry* angelehnt. Mit Brian Vickers und A. J. Allendinger engagierte das Red-Bull-Team gleich zu Beginn zwei bekannte und beliebte Fahrer. In der Saison 2010 starteten für das Red-Bull-Team Brian Vickers und Scott Speed, der 2006 und 2007 für die *Scuderia Toro Rosso* in der Formel 1 gefahren war. Allerdings musste Vickers die Saison wegen einer Blut-Erkrankung vorzeitig abbrechen. Sein Ersatzmann wurde Casey Mears, ein „alter Hase", der bereits 2001 sein NASCAR-Debüt gegeben hatte. Eine große sportliche Rolle spielt Red Bull in der US-Rennszene nicht: In der Saison 2010 kamen die Fahrer in 36 Rennen auf insgesamt nur sieben Top-Ten-Platzierungen, dabei schafften sie es aber nie unter die ersten fünf.

Der Hintergrund des NASCAR-Einstiegs liegt auf der Hand: Motorsport ist für Red Bull ein zentraler Bestandteil der *Corporate Projects*, die den Verkauf des Energydrinks ankurbeln sollen. Für diesen sind die USA mittlerweile das wichtigste Absatzgebiet. Mindestens 75 Millionen Amerikaner, jeder dritte Erwachsene, sind bekennende NASCAR-Fans und machen die Serie damit zum Riesengeschäft: Jährlich werden alleine mit dem Verkauf von Lizenzartikeln drei Milliarden Dollar umgesetzt. Die Fahrer werden nicht nur in den Vereinigten Staaten, sondern auch in Japan als Helden gefeiert, weswegen auch *Toyota* in die Serie einstieg. Deswegen kam es sogar zum Tabubruch von NASCAR-Exhibition-Rennen in Japan. Das Land der aufgehenden Sonne ist ein Markt, auf dem Red Bull Fuß fassen will. Und es ist ein schwieriges Pflaster: Energydrinks gelten dort weniger als Freizeitgetränk, sondern eher als Aufputschmittel für Workaholics. Vom Image her sind sie also weniger mit Sport und Vergnügen, sondern mit Arbeit verbunden. Umso mehr kann Red Bull hier den Drive eines NASCAR-Teams brauchen.

Rallye- und Motorrad-Teams

Im Rallye-Sport ist Red Bull seit 2006 engagiert. Damals stieg man mit der Volkswagen-Tochter *Skoda* in die World Rallye Championship (WRC) ein. Die Partnerschaft währte allerdings nur eine Saison. Seit Anfang

2007 startet ein Red-Bull-Team in der zweiten Rallye-Liga, der P-WRC, die mit seriennahen Autos ausgetragen wird. Betreut wird es von der *Baumschlager Rallye & Racing GmbH*, die ihren Sitz in Oberösterreich hat. Hauptgesellschafter des Unternehmens und Teamchef des Rallye-Rennstalls von Red Bull ist der fünffache österreichische Rallye-Staatsmeister Raimund Baumschlager. Einer seiner Partner ist der ehemalige Abfahrts-Weltmeister Hannes Trinkl. Die beiden sollen auch im Rallye-Sport Red Bull zu Höhenflügen verhelfen. Mit dem eigenen Team startete Red Bull anfangs in der P-WRC und ab 2010 in der neuen Super-2000-Kategorie (S-WRC). In der Saison 2011 gehen Baumschlager und Red Bull mit *Skoda* als Partner mit zwei Autos in der S-WRC an den Start. In der WRC sponserte Red Bull 2011 zusätzlich zwei Wagen von *Citroën*.

Im Zweirad-Bereich setzt Red Bull voll auf den oberösterreichischen Motorrad-Hersteller *KTM*. Dessen Sportchef ist der ehemalige Motocross-Weltmeister und Paris-Dakar-Sieger Heinz Kinigadner – einer der engsten Freunde von Dietrich Mateschitz. Insgesamt unterhalten die Mattighofener und der Energydrink-Konzern mehr als 15 Teams in den Bereichen Straßen-WM, Motocross, Enduro, Off-Road und Rallye. Die Hälfte der *KTM*-Red-Bull-Teams geht bei diversen amerikanischen Rennserien an den Start. Die USA sind nicht nur für Red Bull, sondern auch für *KTM* ein wichtiger Markt. Wie im Fußball kann auch im Motorrad-Rennsport die Personalpolitik nicht unabhängig vom Hauptprodukt des Red-Bull-Konzerns gesehen werden: Aushängeschild in der Viertelliterklasse der Straßen-WM war in den Jahren von 2006 bis zum Rückzug von KTM aus der Serie nach der Saison 2008 der Japaner Hiroshi Aoyama. Und 2006 begann Red Bull „zufällig", mit seinem Getränk auch in Japan Fuß zu fassen.

Nachwuchs-Förderung

Neben dem teuren Engagement im Profibereich kümmert sich Red Bull im Motorrad-Rennsport auch um die Nachwuchsarbeit – eine interessante Parallele zum Fußball. Zum einen geht es darum, geeignete Fahrer für die Zukunft aufzubauen, damit nicht ständig Profis um viel Geld von anderen Teams abgeworben werden müssen. Zum anderen versteht sich Red Bull noch immer als junge Marke, die Jugend als wesentliche Zielgruppe definiert und daher seinen jugendlichen Konsumenten einiges bieten muss. Seit den Neunzigerjahren leistet sich Red Bull eine Rennfahrer-Kaderschmiede, die vom ehemaligen Formel-1-Piloten und Mateschitz-Freund Helmut Marko betreut wird, der auch offizieller Motorsportchef von Red Bull ist.

Anfangs konzentrierte man sich auf die Formel 3000. Im Jahr 2001 ging aus diesem Engagement dann das *Red Bull Junior Team* hervor, das anfangs aus sieben Fahrern aus Österreich und Deutschland bestand. 2007 umfasste der Nachwuchs-Rennstall 20 Top-Talente aus 15 Ländern, die in sieben verschiedenen Rennserien in Europa und den USA an den Start gingen. Das Programm wurde dann aber radikal zurückgefahren: 2010 gab es nur mehr vier Fahrer, die in drei Rennserien an den Start gingen. Unter ihnen war Carlos Sainz jun. – Sohn des legendären zweifachen spanischen Rallye-Weltmeisters Carlos Sainz.

Zudem entstand 2006 gemeinsam mit dem spanischen Sportmanagement-Unternehmen *Dorna Sports*, das die Rechte an der Motorrad-WM hat, und *KTM* die Idee, eine Straßenmotorrad-Rennserie für Nachwuchsfahrer ins Leben zu rufen. Für diese meldeten sich gleich im ersten Jahr mehr als 1100 Jugendliche im Alter zwischen 13 und 16 Jahren, darunter auch mehr als 100 Mädchen. 23 Burschen aus sieben Ländern wurden schließlich von einer Jury ausgewählt. Juroren waren Alberto

Puig, der Direktor des *KTM-Racing-Teams* und Star-Konstrukteur Harald Bartol und der mehrfache Motorrad-GP-Sieger August „Gustl“ Auinger. Die auserwählten Burschen starteten Anfang 2007 zum ersten Red Bull Rookies Cup, der aus sieben Rennen bestand. Als Rookies werden im Motorsport die Neueinsteiger in eine Rennserie bezeichnet. 2010 gab es dann bereits zehn Rennen, 2011 sind schon 14 geplant.

10. Der Fußball-Konzern

Dietrich Mateschitz war lange Zeit alles andere als ein Fußballfan. Vor allem grölende und Bier trinkende Hooligans sind ihm ein Gräuel. Er wehrte sich lange dagegen, einen Klub zu unterstützen oder zu kaufen. Allerdings musste er am Ende zur Kenntnis nehmen, dass Red Bull ohne ein Engagement in der weltweit wichtigsten Sportart über kurz oder lang nicht auskommen wird. Als die Gelegenheit günstig war, übernahm der Energydrink-Konzern im Frühjahr 2005 den Fußballverein *Austria Salzburg*.

Präsident der *Austria* war damals der ehemalige Spediteur und langjährige Red-Bull-Geschäftspartner Rudolf Quehenberger. Dieser hatte Mitte der Neunzigerjahre den Verein nicht nur zu drei nationalen Meistertiteln, sondern auch in ein Europacup-Finale geführt. Der Kern der Mannschaft bestand damals aus Salzburger Spielern. Die Erfolge lösten im Bundesland eine bis dahin in Österreich beispiellose Fußballbegeisterung aus. Durch Fehleinkäufe und daraus resultierende mittelmäßige Leistungen schlitterte der Klub aber in eine sportliche und finanzielle Krise. Mit der Übernahme rettete Mateschitz den Salzburger Traditionsverein vor einem Abstieg in die zweite Liga. Und er erlöste Quehenberger von einer großen Finanzlast, weil dieser mit seinem Privatvermögen für den Verein haftete. Mateschitz lässt niemanden im Stich, der ihm einmal geholfen hat.

Zwei Jahre später ließ der Oberbulle in einem *Hangar 7 Journal* Revue passieren, was ihn zur Übernahme der *Austria* bewogen hatte: „Ich treffe solche Entscheidungen nicht nach persönlicher Passion und Vorliebe. Wir sind ein globales, sehr großes Unternehmen geworden, unsere Zielgruppe von vor 20 Jahren ist erwachsen geworden, wir sind mehr Mainstream geworden, sodass wir natürlich auch unsere Marketing-Strategie anpassen müssen. Und es hat sich ohne Frage auch Fußball verändert. Das sind nicht nur besoffene, mit einem latenten Gewaltpotenzial randalierende Fans. Fußball ist salonfähiger und zum intelligenten, schnellen Strategiespiel geworden und ist die wichtigste Sportart in der Welt – in Europa, in Middle East, in Asien und Südamerika, und in den Vereinigten Staaten ist es fünf Minuten vor zwölf. Da wird's diesen Durchbruch auch geben. Ob in zwei Jahren oder in fünf oder in sieben Jahren, aber es wird ihn geben."

Der Einstieg erfolgte 2005 natürlich auch vor dem Hintergrund der bevorstehenden Fußball-Weltmeisterschaft in Deutschland (2006) und der Europameisterschaft in der Schweiz und in Österreich (2008). Damals war zwar *Deutschland. Ein Sommermärchen* noch nicht vorstellbar, es war aber davon auszugehen, dass in Europa ein Fußball-Hype entstehen würde. Auf dieser Welle der Begeisterung wollte auch Red Bull mitschwimmen, wie Mateschitz in einem Interview mit der *APA* rückblickend betonte: „Der Zeitpunkt zwischen der Weltmeisterschaft in Deutschland und der Europameisterschaft bei uns war – wenn man je einsteigen will – der idealste."

Aufstand der Fans

Zwei Monate nach der Übernahme durch den Energydrink-Konzern wurde aus dem Traditionsverein *Austria Salzburg* der *FC Red Bull Salzburg*, das alte Klubwappen wurde durch das Red-Bull-Logo ersetzt. Weil der europäische Fußballverband UEFA in den Vereinsnamen keine Sponsoren duldet, müssen die Red-Bull-Kicker bei internationalen Bewerben als *FC Salzburg* antreten. Die traditionellen Vereinsfarben Violett-Weiß gelten zwar laut Satzung noch immer, gespielt wird jedoch seit 2005 zu Hause in rot-weißen und auswärts in blauen und seit 2007 in blau-gelben Dressen.

Viele *Austria*-Fans liefen gegen diesen Bruch der alten Vereinstradition Sturm. Als Gegenbewegung gründeten sie die „Initiative Violett-Weiß“. Der Unmut eskalierte schließlich zu Ausschreitungen während der ersten Spiele des neuen Klubs. Um diesen Aufstand zu verstehen, muss man die Vereinsgeschichte kennen: Die Salzburger *Austria* war in ihren Wurzeln und mit ihrem Sitz im Stadtteil Lehen stets ein Arbeiterverein. Bis in die Gegenwart sind unter den hartgesottenen Fans viele Mitglieder der Arbeiterklasse zu finden. Und die gehört nicht gerade zu den Gewinnern der neoliberalen Wirtschaftspolitik der jüngeren Vergangenheit. Red Bull ist als weltweit tätiger Konzern also ein absolutes Feindbild für viele „Austrianer“.

Über die Proteste galoppierte Red Bull hinweg wie eine Herde Bisons bei einer Stampede: Gegen zahlreiche Fans wurden lebenslange Stadionverbote ausgesprochen, die später teilweise wieder zurückgenommen wurden. Über Wochen wurde öffentlich und auf allen möglichen gesellschaftlichen Ebenen über das Spannungsfeld zwischen Produktmarketing und Tradition eines Fußballklubs diskutiert. Als die Gespräche zwischen der neuen Klubführung und den Anhängern endgültig scheiterten, gründeten *Austria*-Fans einen neuen Verein. Der *SV Austria Salzburg* sieht sich als ideeller Nachfolger der alten *Austria* aus Lehen und beruft sich auf deren Geschichte. Der Klub startete den Spielbetrieb in der untersten Klasse und zog dort bislang ungekannte Zuschauermassen an. In der Saison 2010/11 spielte die Austria als Aufsteiger in der Regionalliga-West, der dritthöchsten Spielklasse. Dort kam es zu den ersten Derbys mit dem Erzfeind in Gestalt der *Red Bull Juniors*. Die befürchteten Ausschreitungen blieben aus. Aus dem ersten Heim- und Auswärtsspiel gegen die zweite Mannschaft von Red Bull holte die Austria insgesamt vier Punkte.

Normalerweise gibt es zwischen Fangruppen unterschiedlicher Vereine Rivalität, die sich auch in Österreich hin und wieder in gewalttätigen Auseinandersetzungen entlädt. Mit den „Austrianern" haben sich jedoch Anhänger aller heimischen Erst- und auch der meisten Zweitligisten solidarisiert und das mit Sprechchören und Transparenten in den Stadien zum Ausdruck gebracht. Auch aus dem Ausland kam Unterstützung: Insgesamt schlossen sich 23 Fanklubs aus Österreich, 53 aus dem übrigen Europa und sogar zwei aus den USA der „Initiative Violett-Weiß" an. Vor allem in der radikalen Ultrà-Bewegung wurde die Vehemenz begrüßt, mit der sich die Salzburger gegen die neue Identität ihres Vereins wehrten.

Ein derartiger Zusammenschluss von Fans ist in der österreichischen und europäischen Fußballgeschichte neu. Der Aufstand der Salzburger „Austrianer" wird in den europäischen Stadien als Kampf gegen die fortschreitende Kommerzialisierung des Sports gesehen und unterstützt. Kein echter Fußballfan will, dass sein Verein von einem Tag auf den anderen Tradition und Identität über Bord wirft und zu einem reinen Werbeträger verkommt. Die Fans sehen sich als *die* Träger der Tradition, da Spieler, Trainer und Vorstand laufend ausgetauscht werden. Auch prominente Fußballer und Trainer wie Hans Krankl, Paul Scharner, Toni Pfeffer, Ernst Dospel und Herbert Prohaska unterstützen die Initiative der violetten Fans. Zudem berichteten Fernsehsender wie das *ZDF* oder *arte* im Vorfeld der Fußball-WM 2006 ausführlich über die „Initiative Violett-Weiß" und die Gründung des neuen Vereins.

Mateschitz selbst ärgerte sich über die Proteste und Randale der *Austria*-Fans und die internationale Kritik an der Übernahme maßlos, zumal er sie nicht zu verstehen scheint. Schließlich wolle er den Klub zu neuen Höhenflügen führen, betont er stets. Der Dosen-Konzern machte es den Salzburger Fußballfreunden aber auch nicht einfach: Beim ersten Meisterschaftsspiel des neuen Klubs drohte der Schiedsrichter mit einem Abbruch, weil der neue Stadionsprecher begann, das Match zu kommentieren. Das zeigt, wie wenig die Manager des Energydrink-Konzerns von Fußball verstanden. Zudem wurde eine Mannschaft zusammengekauft, in der teilweise kein einziger Österreicher mehr in der Startformation spielte.

Die Einkaufspolitik wurde anfangs eindeutig von den Interessen des Hauptgeschäfts – sprich: des Verkaufs von Dosen – deutlich beeinflusst. So verpflichtete man Ende 2006 mit Tsuneyasu Miyamoto und Alessandro „Alex" dos Santos zwei japanische Spieler – Alex stammt zwar aus Brasilien, lebt aber seit seinem 14. Lebensjahr in Japan und besitzt auch die japanische Staatsbürgerschaft. Nur wenige Monate zuvor hatte der Konzern begonnen, seinen Energydrink im Land der aufgehenden Sonne zu verkaufen. Miyamoto und Alex scheinen ihre Aufgabe erfüllt zu haben, nachdem sie in einem eigens für Japan produzierten Red-Bull-Werbespot gemeinsam mit Franz Beckenbauer kickten. Sportlich spielten die beiden Japaner in Österreich keine wesentliche Rolle. Alex hat im Herbst 2007 Salzburg wieder verlassen, Miyamoto folgte 2009.

Allen Protesten zum Trotz waren die Mateschitz-Kicker in Österreich bereits in der Saison 2006/07 eine Klasse für sich und wurden mit einem Vorsprung von 19 Punkten auf den Tabellenzweiten *SV Ried* überlegen Meister. Mit dem Erfolg stellte sich auch die Begeisterung des „großen Meisters" ein – zumindest offiziell: „Ich bin ein konvertierter ehemaliger Nicht-Fußballfan", sagte Mateschitz im Frühjahr 2007, als seine Kicker in der Bundesliga als Meister bereits so gut wie feststanden. Im Mai 2010 diktierte er dann der *APA*: „Jeder Weg zum Erfolg ist auch ein emotionaler, man muss sich 100 Prozent mit dem Ziel und dem Inhalt identifizieren. So ist es für uns auch im Fußball, wobei ich zugegebener Maßen unterschätzt habe, welche Ausmaße eine emotionale Einstellung zum Fußballsport erreichen kann."

Wie ernst diese Aussagen zu nehmen sind, wagt der Verfasser nicht zu beurteilen. Fakt ist, dass Mateschitz bei der offiziellen Feier des ersten Titels seiner Kicker nicht dabei war. Während seine Spieler vor mehr als 10.000 Fans in der Salzburger Altstadt „Didi, wir danken dir" in die Mikrofone brüllten, feierte dieser an einem anderen, nicht bekannten Ort seinen Geburtstag.

Auf die Feierstimmung folgte sehr bald Katzenjammer. Die Qualifikation für die Champions League wurde 2007 genauso wenig geschafft wie der Aufstieg in die Gruppenphase des UEFA-Cups. Dem ersten nationalen Meistertitel folgten 2009 und 2010 zwei weitere. Der internationale Durchbruch in der Champions League wollte aber nicht gelingen.

Personelle Turbulenzen

In einem Unternehmen mit fast 7800 Mitarbeitern in 161 Ländern gibt es ständigen Wechsel beim Personal: Einige steigen auf, einige wollen sich verändern und verlassen das Unternehmen, andere werden gefeuert. Bei Red Bull bleibt das normalerweise unter der Tuchent – wie man in Österreich so schön sagt. Im Profifußball, der im Zentrum der öffentlichen Aufmerksamkeit steht wie kaum eine zweite Sportart, lassen sich Kündigungen allerdings nicht verheimlichen. Häufen sie sich, ist rasch von „Turbulenzen" oder „Wirbel" die Rede.

In den fünf Jahren, die zwischen dem Einstieg von Red Bull bei der *Salzburger Austria* und der Drucklegung dieses aktualisierten Taschenbuchs vergingen, tauschte der *FC Red Bull Salzburg* gleich mehrere Male führende Mitarbeiter aus. Den Anfang machte Kurt Jara. Dieser wurde im Sommer 2006 nach nur einer Saison als Trainer und De-facto-Sportdirektor gefeuert. Offiziell wurden ihm Unregelmäßigkeiten bei Spielerverpflichtungen vorgeworfen. Mitgespielt wird wohl auch haben, dass Red Bull trotz großer Investitionen den Meistertitel in der Saison 2005/06 nicht geschafft hat. Jara klagte den Klub gegen seine Entlassung vor dem Arbeitsgericht – unter anderem ging es um 1,22 Millionen an entgangenem Gehalt – und Mateschitz wegen Kreditschädigung. In erster Instanz entschied ein Salzburger Zivilrichter, dass Mateschitz keine Kreditschädigung begangen habe, als er Jara Unregelmäßigkeiten vorwarf. Jara ging in Berufung. Ermittlungen der Staatsanwaltschaft gegen den Ex-Trainer wegen Untreue wurden ohne Ergebnis eingesellt. Nach mehreren Prozessterminen einigten sich Jara und Red Bull im Spätsommer 2009 auf einen außergerichtlichen Vergleich, dessen Inhalt nicht bekannt ist.

Fünf Wochen nach dem Rauswurf Jaras verließ Geschäftsführer Kurt Wiebach ohne Angabe von Gründen den Klub. Daraufhin holte Red Bull noch im Sommer 2006 Giovanni Trapattoni und Lothar Matthäus als Trainerduo und Ex-Bayern-Spieler Oliver Kreuzer als Sportdirektor. Die sportliche Ehe zwischen dem erfolgreichsten Trainer der Welt und dem ehemaligen „Weltfußballer des Jahres“ hielt allerdings nur eine Saison. Im Juni 2007 wurde Matthäus unsanft vor die Tür gesetzt, nachdem er öffentlich für eine offensivere Ausrichtung der Mannschaft eingetreten war. Damit stand er im krassen Gegensatz zu seinem Trainerkollegen, der den italienischen Defensivfußball pflegt. Trapattoni galt als Liebling von Dietrich Mateschitz. Und allein dieser trifft Personalentscheidungen in der Führungsriege. Trapattoni saß also auf dem sprichwörtlichen längeren Ast.

Das musste im September 2007 dann auch Sportdirektor Kreuzer zur Kenntnis nehmen. Er und nicht der Trainer wurde gefeuert, als es die Bullenkicker nach einem schwachen Start in die Meisterschaft auch nicht schafften, sich für die Champions League zu qualifizieren. Die Fanklubs hielten der Mannschaft zwar die Treue, drückten aber medial und durch Proteste im Stadion ihren Unmut über die Klubführung und Trapattoni aus. Ihrer Meinung nach hätte der *Mister* gehen sollen. Zudem forderten die Fanvertreter, es solle endlich personelle Kontinuität in der Führung eintreten. Kreuzers Nachfolge trat ein Duo an: Heinz Hochhauser zeichnete neben seiner Funktion als Nachwuchsleiter gemeinsam mit Ex-Bayern- und Ex-Salzburg-Spieler Thomas Linke auch für das Management verantwortlich.

Im Sommer 2008 musste dann auch Trapattoni gehen. Ihm folgte der Holländer Jacobson „Co“ Adriaanse, dessen Vertrag 2009 trotz Gewinns des nationalen Meistertitels nicht verlängert wurde. Mit Hubertus „Huub“ Stevens wurde ein weiterer Holländer engagiert – der bereits vierte Trainer in fünf Jahren. Ebenfalls 2009 kam

Dietmar Beiersdorfer, langjähriger sportlicher Leiter des HSV, zu Red Bull. Er ist nun sportlicher Leiter für das Gesamtprojekt Fußball, welches das Engagement im In- und Ausland umfasst. Hochhauser rückte zurück ins zweite Glied. Geht es nach Mateschitz, soll jetzt die Zeit der ständigen personellen Änderungen zu Ende sein, wie er im Frühjahr 2010 betonte: „Kontinuität ist nur mit den richtigen Leuten möglich und sinnvoll. Mit Dietmar Beiersdorfer und Huub Stevens glauben wir, diese jetzt gefunden zu haben."

Das Trainingszentrum

Red Bull will im Fußball keine kleinen Brötchen backen: Innerhalb von drei bis fünf Jahren sollte die Mannschaft aus Salzburg nicht nur die heimische Liga dominieren, sondern auch im europäischen Fußball mitmischen. Geld scheint dabei keine Rolle zu spielen: Das Budget für die Saison 2007/08 soll 50 Millionen Euro betragen. Das war mehr, als die restlichen neun Vereine der Bundesliga zusammen aufbringen konnten. In den folgenden Jahren sank das Budget leicht, Red Bull gibt aber nach wie vor mit Abstand das meiste Geld für den Profifußball in Österreich aus.

Kräftig investiert wurde auch in die Amateurmannschaft, die ebenfalls aus Profis besteht. Im Sommer 2007 schafften die *Red Bull Juniors* den Meistertitel in der Regionalliga West und stiegen damit in die zweithöchste Spielklasse auf, die interessanterweise „Erste Liga" heißt. Nach einer Liga-Reform mussten sie aber im Sommer 2010 zwangsweise in die Regionalliga-West absteigen und spielen nun in der gleichen Klasse wie die neue *Austria*.

Bei den hochfliegenden Plänen und dem für österreichische Verhältnisse gigantischen Budget ist es kein Wunder, dass Red Bull seinen Spielern die bestmöglichen

Rahmenbedingungen bietet: Im Frühling 2007 wurde im Salzburger Stadtteil Taxham, unweit des Heimstadions des *FC Red Bull Salzburg*, ein Trainingszentrum eröffnet. Der Bau hatte 10 Millionen Euro gekostet. Viel Geld sollte man meinen, im internationalen Vergleich sieht die Sache jedoch etwas anders aus: *Real Madrid* baute sein Trainingszentrum um 90 Millionen Euro. Dennoch waren bei der Eröffnung in Salzburg sowohl Spieler als auch Betreuerstab begeistert: „Solche Bedingungen habe ich nicht einmal beim *FC Bayern* vorgefunden", sagte der damalige Cheftrainer Giovanni Trapattoni. Kein Wunder also, dass bereits vor der Eröffnung „Spione" des *FC Barcelona* und des englischen Erstligisten aus Leeds die Anlage besichtigten.

Das Trainingszentrum hat eine Fläche von vier Hektar und bietet zwei Rasen- und einen Kunstrasenplatz – im Heimstadion der Bullen wird auf Kunstrasen gespielt. Zwei der drei Plätze sind beheizbar, selbstverständlich sind Flutlicht und Bewässerungsanlage vorhanden. Dazu gibt es eine eigene Trainingsanlage für Torleute, einen Streetsoccer-Platz und eine 700 Meter lange Laufbahn. Im Hauptgebäude sind Kraftkammern und eine Indoor-Laufbahn untergebracht. Zum Relaxen nach der harten Arbeit steht den Kickern ein eigener Wellnessbereich mit „Entmüdungsbecken", Whirlpool und drei Saunen zur Verfügung. Daneben gibt es Extraräume für Ärzte und Physiotherapeuten. Errichtet wurde die Anlage innerhalb eines Jahres von der *Bull Bau GmbH*, dem Bauunternehmen von Dietrich Mateschitz.

New York Red Bulls

Mateschitz geht davon aus, dass sich Fußball in naher Zukunft auch in den USA durchsetzen wird. Derzeit fristet Soccer auf dem wichtigsten Red-Bull-Markt noch das Dasein einer Randsportart. Allerdings gelten in den sportverrückten Staaten auch in Randbereichen andere Dimensionen. Kurz nach der Übernahme von *Austria Salzburg* entschieden die Strategen von Red Bull, die Zeit sei reif für einen Einstieg in die amerikanische Profi-Liga Major League Soccer (MLS). Die MLS ist in eine West- und Ost-Division aufgeteilt. Der nationale Meister wird in Play-offs ermittelt. Das Interesse der Wirtschaft an der Liga hielt sich lange Zeit in Grenzen. Im Spieljahr 2007 bestand die gesamte Liga aus nur 13 Mannschaften. 2011 werden aber schon 16 Teams aus den USA und zwei aus Kanada an der Meisterschaft teilnehmen. 2013 sollen es dann schon 20 Clubs sein. Eine Investorengruppe aus New York hat sich bereits die Namensrechte von *New York Cosmos* gesichert. Ein Verein dieses Namens hatte in der 1968 gegründeten und 1984 wieder aufgelösten Profiliga North American Soccer League (NASL) gespielt und unter anderem die Weltstars Franz Beckenbauer und Pelé engagiert. Die brasilianische Kickerlegende ist auch Partner bei der Wiedergründung von *New York Cosmos*.

Zurück aber zu Red Bull: Im März 2006 kaufte der Energydrink-Konzern die *New York/New Jersey Metro Stars*. Der Preis wurde offiziell nicht genannt, kolportiert wurde die Summe von 30 Millionen Euro. Laut *New York Times* kostete die Übernahme Red Bull alles in allem 100 Millionen Dollar (rund 73 Millionen Euro). Mit dem Team übernahm der Energydrink-Konzern nämlich vom bisherigen Eigentümer, der *Anschutz Entertainment Group (AEG)*, auch einen Anteil am neuen Stadion des Klubs in Harrison im Bundesstaat New Jersey, das sich zum Zeitpunkt des Kaufes in Bau befand, sowie das Namensrecht für diese Arena.

Die *Metro Stars* waren 1996 Gründungsmitglied der MLS. Die damalige Eigentümergesellschaft *AEG* besitzt weltweit Sportmannschaften, Stadien und Hallen. In

Deutschland gehören ihr etwa die Eishockey-Vereine *Eisbären Berlin* zur Gänze und die *Hamburg Freezers* zu 70 Prozent. Trotz dieses wirtschaftlichen Hintergrundes konnten die *Metro Stars* in ihrer zehnjährigen Vereinsgeschichte keine größeren sportlichen Erfolge feiern. International bekannt wurden sie, als im Jahr 2000 Lothar Matthäus seine Karriere im Trikot des Teams aus New York beendete. Wie die Salzburger *Austria* wurden auch die *Metro Stars* sofort in *Red Bull New York* und später in *New York Red Bulls* umbenannt und trugen dieselben Farben wie der *FC Red Bull Salzburg*. Gespielt wurde bis Ende 2007 im Giants Park, einem 80.000 Zuschauer fassenden Football-Stadion. Anfang 2008 übersiedelte man in den neuen *Red Bull Park* in Harrison. Dieser bietet Platz für nur mehr 25.000 Zuschauer und entspricht daher eher dem Stellenwert des Soccer in den USA. Verwaltet und betrieben wird der Red Bull Park von der *Anschutz Entertainment Group*.

Anders als in Österreich musste der Energydrink-Konzern in Amerika anfangs auf einheimische Spieler setzen. Im Gegensatz zum europäischen Fußball waren in der MLS die Vereine nämlich in ihren Ausgaben und Kaderplanungen streng reglementiert. Große Investitionen in teure ausländische Spieler waren daher nur bedingt möglich: „Wir müssen unser Denken etwas anpassen“, meinte Mateschitz gegenüber der *New York Times*. „Aber wir glauben, dass die *MLS* ein kluges Business-Modell ist.“ Tatsächlich kam es auch zu einer Lockerung, sodass Ende 2010 die US-Amerikaner bereits eine Minderheit im Kader darstellten. Der größte Transfercoup der *New York Red Bulls* war 2010 die Verpflichtung des französischen Stürmerstars Henry Thierry, der zuvor beim FC Barcelona gespielt hatte.

Rasen Ball Leipzig

Neben Österreich und den USA war für die Fußball-Abteilung von Red Bull auch Deutschland immer wieder ein Thema. Laut nachgedacht wurde in der Vergangenheit über zwei Modelle: Red Bull könnte entweder einen Klub aus Deutschland übernehmen oder mit einer österreichischen Mannschaft in der deutschen Bundesliga mitspielen. Anfangs gab es eine inoffizielle Kooperation mit dem *FC Bayern München*. Der damalige *Bayern*-Präsident Franz Beckenbauer ist nicht nur ein enger persönlicher Freund von Dietrich Mateschitz, sondern war in der Anfangszeit auch Berater der Red-Bull-Kicker. Er fädelte den Wechsel mehrerer *Bayern*-Spieler nach Salzburg ein und half auch, das Trainerduo Giovanni Trapattoni und Lothar Matthäus zu engagieren.

Als möglicher Kandidat für einen Einstieg von Red Bull galt längere Zeit der *FC Sachsen Leipzig*. Der Verein spielte zwar nur in der Oberliga, der vierthöchsten Klasse. Seit der Fußball-WM im Jahr 2006 stand aber in der Stadt ein neues Stadion zur Verfügung, das 45.000 Zuschauer fasst und für das es keinen Nutzer gibt. Bereits Ende 2006 gab es erste Gespräche. Die Übernahme scheiterte aber an den Statuten des Deutschen Fußballbundes und den Protesten der Fans. Die Sache sei deswegen noch nicht vom Tisch, hörte man aus Leipzig und Salzburg: Man hoffe auf eine Änderung der Statuten. Im Mai 2007 war Mateschitz sogar persönlich in Leipzig, um sich vor Ort ein Bild von der Infrastruktur zu machen. Gegenüber den *Salzburger Nachrichten* bestätigte er damals sein grundsätzliches Interesse an der Übernahme eines deutschen Unterliga-Vereins: „Wenn es uns nicht gelingt oder es zu lange dauert, das Niveau der österreichischen Bundesliga so anzuheben, dass ein Verein so gefordert wird, dass er in der Champions League mitspielen kann, gibt es nur einen strategischen Ausweg: Dass man mit einem Klub in einer der europäischen Fußball-Hochburgen spielt. Das muss nicht einmal ein Klub in der obersten Liga sein. Das ist ein sehr langfristiges Projekt. Wir würden diesen Klub, für den der Name Red Bull dann auch authentisch wäre, über die Jahre begleiten."

Im Frühjahr 2009 erfolgte dann endlich der lange diskutierte Einstieg in Deutschland: Red Bull übernahm die Lizenz der ausgegliederten Fußball-Abteilung des Leipziger Vorstadtvereins *SSV Markranstädt*, der 2007 in die Oberliga Nordost, die fünfthöchste Spielklasse, aufgestiegen war. Diese unterliegt nicht mehr dem strengen Lizenzierungsverfahren des DFB. Auch der 1912 gegründete Traditionsverein wurde so wie Austria Salzburg sofort auf Red Bull gebrandet. Allerdings gestatten die Statuten des deutschen Fußballbundes keine Namensbezeichnungen zu Werbezwecken. Also nannte Red Bull seinen Verein *Rasen Ball Leipzig* – kurz: *RB Leizpig*.

Der Verein nahm den Spielbetrieb in der Saison 2009/10 ohne offizielles Vereinswappen auf. Der Sächsische Fußballverband hatte nämlich das vorgeschlagene Wappen wegen allzu großer Ähnlichkeit mit dem Logo von Red Bull abgelehnt. Dennoch befindet sich das Zeichen des Energydrink-Konzerns als Werbung auf den Trikots der Spieler. Außerdem wird es als Marketinglogo auf den Fanartikeln geführt, sodass jedermann klar ist, dass *RB Leipzig* in Wirklichkeit Red Bull Leipzig ist.

Auch in Sachsen sah und sieht sich das Mateschitz-Unternehmen den Anfeindungen von Hardcore-Fans ausgesetzt. Die härtesten Gegner stammen aus dem Umfeld des *FC Sachsen Leipzig* und des *1. FC Lokomotive Leipzig*. Sie fürchten einen Niedergang der traditionellen Fankultur. Ein anderer Teil der Bevölkerung wiederum begrüßt das Engagement des Weltkonzerns in einer Gegend, in der es ansonsten nur viert- und fünftklassige Mannschaften gibt.

Bereits in der ersten Saison stieg *RB Leizpig* in die Regionalliga Nord auf. Seine Spiele trägt der Club seit Herbst 2010 im Leipziger Zentralstadion aus, das nach dem Erwerb der Namensrechte durch den Energydrink-Konzern in *Red Bull Arena* umbenannt wurde. Geplant ist ein möglichst rascher Durchmarsch in die Bundesliga. Dort soll *RB Leipzig* dann das Flaggschiff der Fußballabteilung von Red Bull sein, wie Mateschitz in einem *APA*-Interview im Mai 2010 bekräftigte: „Wie ja ohnehin bekannt ist, ist unsere Strategie, in fünf bis sieben Jahren mit dem stärksten Team mit Leipzig in der Deutschen Bundesliga zu spielen und in Österreich mit einem quasi U-21 Team mit einem möglichst hohen Anteil an Spielern aus unseren Akademien, was aber nicht heißen soll, dass diese Mannschaft nicht im Stande sein soll, auch um den Meistertitel mitzuspielen und auch durchaus an internationalen Spielen in der Europa League teilzunehmen. Dies wäre erst in Frage zu stellen, wenn die österreichische Bundesliga zu den stärksten Ligen in Europa aufschließen könnte."

Red Bull Brasil

Mit weit weniger medialer Aufmerksamkeit als bei den Starts der New York Red Bulls und RB Leipzig erfolgte 2007 die Gründung von Red Bull Brasil. Der Verein hat seinen Sitz in Campinas. Die Stadt mit viel Industrie und einigen universitären Einrichtungen liegt im Bundesstaat São Paulo und hat eine Million Einwohner. Rechnet man die Vorstädte dazu, leben im Ballungsraum 2,8 Millionen Menschen. Anders als in Österreich, den USA und Deutschland übernahm Red Bull in Brasilien keinen bestehenden Verein, sondern gründete einen neuen. Dieser spielte Ende 2010 in der Campeonata Paulista Série A-2, der zweithöchsten Spielklasse des Bundesstaates São Paulo.

Red Bull Brasil hat anders als seine Schwestervereine kein eigenes Stadion, sondern teilt sich das 19.722 Zuschauer fassende *Estádio Moisés Lucarelli* mit *Ponte Preta*, einem der ältesten Fußballvereine Brasiliens. Auch in der südamerikanischen Kickerhochburg dürfte Red Bull nach Höherem streben, auch wenn Mateschitz betont, es gebe neben *Red Bull Salzburg*, den *New York Red Bulls* und *RB Leizpig* keine Pläne für weitere Standorte.

Die Fußball-Akademien

Wie alle seine Engagements hat Red Bull auch die Jagd nach dem runden Leder langfristig angelegt: „Erfolg im Fußball braucht viel Zeit", stellte Mateschitz wiederholt klar. In der *Süddeutschen Zeitung* erklärte er einmal: „Wir machen eine kompakte Mannschaft, um in Österreich vorne mitzuspielen, bringen den Faktor Zeit mit, und 50 Prozent unserer Anstrengungen gehen in die Infrastruktur, in einen Einzugsbereich von 50 Kilometern oder mehr, wo wir versuchen, über Schulkooperationen mit Sportvereinen Nachwuchs, Kinder, Jugend zu fördern, um hier eine Breite zu bekommen für einen Tag X, wo man nicht mehr Söldner einkaufen muss." Man beachte die Diktion. Das Wort *Söldner* lässt einige Rückschlüsse auf die Meinung zu, die der Red-Bull-Boss von seinen hochbezahlten Kickern tatsächlich hat.

Im Herbst 2007 startete Red Bull in Salzburg mit seiner Fußball-Akademie, die den Titel *Goals of Tomorrow* trägt. Auch hier geht der Energydrink-Konzern einen konsequent eigenständigen Weg. Im Gegensatz zu anderen Fußball-Akademien bietet Red Bull mehrere Ausbildungsschienen an. Und man betont, man denke nicht daran, im Ausland blutjunge Talente zu „kaufen“, wie das einige europäische Großklubs praktizieren. Ausgerichtet ist die Salzburger Red-Bull-Akademie auf österreichische Buben. Diese werden nach der Volksschule in eine eigene Klasse der Übungshauptschule der Pädagogischen Hochschule in Salzburg aufgenommen. Dort ist der Unterricht auf das Training abgestimmt.

Nach dem achten Schuljahr stehen mehrere Möglichkeiten offen: Die guten und fleißigen Schüler können in einem Oberstufen-Realgymnasium, das den Schwerpunkt Sport anbietet, Maturaniveau und damit die Studienberechtigung erreichen. Eine Handelsschule bietet zudem mittlere Reife an. Auch in den weiterführenden Schulen ist der Unterricht so eingeteilt, dass er sich mit einem regelmäßigen Training vereinbaren lässt. Red Bull hat in allen Schulen die Möglichkeit, seine eigenen Trainer in den Sportunterricht einzubinden.

Weil nicht alle Nachwuchskicker zwangsläufig eine höhere Schulausbildung absolvieren wollen und können, begann Red Bull Partnerschaften mit Unternehmen abzuschließen, die Talente als Lehrlinge ausbilden. Zum Start der Akademie hielt sich die Zahl der Partnerbetriebe mit einem Sportartikel-Händler und einem Fitnesscenter allerdings in Grenzen. Akademieleiter Gerhard Feltrin zeigte sich aber zuversichtlich, bald neue Kooperationen eingehen zu können. Als weitere Komponente stehen für angehende Fußballprofis in Diensten von Red Bull einige wenige Plätze im Salzburger Heeressportzentrum zur Verfügung.

Im ersten Jahr förderte Red Bull 60 Nachwuchskicker im Alter von 10 bis 19 Jahren. Die Ausbildung ist übrigens für die Talente nicht gratis. Die Kosten halten sich mit etwas mehr als 100 Euro pro Monat jedoch in Grenzen. Etwas teurer wird es für Internatsschüler. Anfangs brachte Red Bull seine Talente in der Stadt Salzburg im Internat der Herz-Jesu-Missionare unter. Damit sollte es eigentlich schon längst vorbei sein: Im Herbst 2007 kaufte der Konzern den 13 Hektar großen Trabrennplatz am Stadtrand von Salzburg. Dort sollten ein Schulcampus und sieben Fußballplätze samt Flutlichtanlagen entstehen. Die Trainingsanlagen im Freien sind mittlerweile fertig. Anfang 2011 gab es aber noch immer keine Genehmigung für den Bau eines Schulgebäudes und einer beantragten kombinierten Trainingshalle für Fußball und Eishockey. Denn längst ist aus der einstigen reinen Fußball-Akademie eine Nachwuchsschmiede für beide Sportarten geworden. Die Verfahren verzögerten sich auch deshalb, weil Red Bull nach und nach erkennen ließ, man wolle das Areal nicht nur als Trainings-, sondern auch als Veranstaltungszentrum benutzen. So werfen Kritiker dem Konzern vor, dieser werde eher früher als später die Trainingshalle in eine größere Eishockey-Halle umfunktionieren, da die derzeit zur Verfügung stehende nur 3200 Zuschauer fasst.

So wie in Salzburg begann Red Bull auch in den USA mit dem Aufbau einer Nachwuchsabteilung. Es wurde eine Fußball-Akademie gegründet, die im Vollausbau fünf Mannschaften – von U-14 bis U-20 – führen will. Außerdem will Red Bull Fußball zum Breitensport machen: Bereits für Unter-Vierjährige werden eigene Fußball-Camps veranstaltet. Die Teilnahme kostet weniger als 200 Dollar und ist daher leicht leistbar. Außerdem vermietet Red Bull seine Trainer an interessierte Vereine, und es werden eigene Ausbildungslehrgänge für Coaches und Partnerschaften mit den *New York Red Bulls* angeboten. Um Soccer in den USA zu professionalisieren, hat der Konzern im Herbst 2006 auch das „Project 1000“ ins Leben gerufen: Bis Ende 2009 sollten in den Vereinigten Staaten gemeinsam mit Eltern, Schulen und Behörden 1000 frei zugängliche Fußballplätze eingerichtet werden. „Die Nummer 0001 ist bereits vergeben, nämlich im New Yorker Central Park“, teilte Mateschitz zum Projektstart mit. Allerdings blieb es bei den hochfliegenden Träumen, die weit hinter dem Plan liegen. Auch im Central Park gibt es noch keinen Fußballplatz. Soccer ist in den USA trotz Red Bull und leicht zunehmender Professionalisierung noch immer eine Randsportart.

Fußball-Akademien betreibt Red Bull mittlerweile auch in Brasilien und seit 2008 in Ghana. Jene in Afrika kam im Herbst 2009 in die Schlagzeilen, als im Internet und in lokalen afrikanischen Medien Fotos und Artikel über rassistische und sexuelle Übergriffe auf Nachwuchssportler auftauchten. Nachdem es einen Wechsel in der Führung vor Ort gegeben hatte und Heinz Hochhauser als Beauftragter für alle Akademien angekündigt hatte, er wolle sich vor Ort ein Bild von den Vorwürfen machen, wurde es sehr schnell ruhig.

11. Die Eis-Bullen

Red Bull wird heute in erster Linie mit Extremsport, Motorsport und Fußball in Verbindung gebracht. Dabei war es Ende der Achtzigerjahre die Eishockeymannschaft aus Salzburg, die als erste Sportformation vom Unternehmen des Dietrich Mateschitz gefördert wurde. Eishockey war lange Zeit der einzige Mannschaftssport, in dem sich Red Bull engagierte. Die Geschichte des heutigen *EC Red Bull Salzburg* geht auf die Saison 1987/88 zurück. Damals stieg Red Bull als Sponsor beim *Salzburger Eissportclub (SEC)* ein. Dank der Unterstützung durch das aufstrebende Getränke-Unternehmen konnte der *SEC* einige Top-Spieler – zumindest waren sie das für österreichische Verhältnisse – aus Russland und Kanada verpflichten. Zwischenzeitlich führten die Salzburger die Tabelle an, am Ende lagen sie auf Platz sechs. Dem *SEC* ging nicht nur sportlich die Luft aus, sondern auch finanziell: Nach Ablauf der Saison musste Konkurs angemeldet werden.

Als Nachfolgeverein wurde der *EC Morzg* gegründet, benannt nach einem Salzburger Stadtteil. Der Spielbetrieb wurde in der untersten Regionalklasse wiederaufgenommen. Es ging vor allem darum, den Nachwuchs des ehemaligen *SEC* aufzufangen. 1995 fusionierte der *EC Morzg* mit dem *EC Tiefenbach*, der neue Verein wurde *EC Salzburg* genannt. Im Jahr 2000 stieg Red Bull wieder als Sponsor ein, der Verein wurde in *EC The Red Bulls Salzburg* umbenannt. Mit dem neuen wirtschaftlichen Rückenwind schaffte man in der Saison 2000/01 den Titel in der Oberliga, der dritthöchsten Spielklasse. Damit war der Aufstieg in die Nationalliga fix, der Eishockey-Verband bot den Salzburgern sogar ein Vorrücken in die höchste Spielklasse an. Die Vereinsführung entschied sich jedoch aus wirtschaftlichen Überlegungen gegen einen Aufstieg in die Bundesliga. Schließlich gab es in der Nationalliga mit dem *EK Zell am See* eine zweite Salzburger Mannschaft, sodass regelmäßig attraktive Derbys stattfanden.

Drei Saisonen lang spielten die Red-Bull-Cracks in der zweiten Liga, dann gelang der Meistertitel. Dieses Mal war es keine Frage: Man wollte in die Bundesliga aufsteigen und auch dort vorne mitmischen. 2005/06 wurden die Eis-Bullen Vizemeister. In der Saison 2006/07 gelang dann zum ersten Mal der Gewinn des nationalen Meistertitels. Alles andere wäre auch eine maßlose Enttäuschung gewesen, schließlich hatte Red Bull zahlreiche Top-Spieler verpflichtet – unter anderem Nationalteam-Kapitän Dieter Kalt und Rekord-Nationalspieler Martin Ulrich. Die Erfolge der Truppe von Trainer Hardy Nilsson lösten schon während der Saison einen Eishockey-Boom in Salzburg aus. Die kleine Eishalle im Volksgarten war praktisch ständig ausverkauft. Auch auswärts füllten die roten Bullen die Eishallen. Der Titel wurde dann mit einem großen Fest in der Altstadt von Tausenden Fans gebührend gefeiert. Bis zur Saison 2010/11 folgten zwei weitere Meistertitel, 2008/09 kamen die Eis-Bullen „nur" auf Platz zwei.

Internationale Pläne

Nach dem ersten Titel war Meistermacher Nilsson kurz nach Saisonende überraschend abgelöst worden: Neuer Coach wurde der Kanadier Pierre Pagé, der 13 Saisonen lang Trainer in der stärksten Liga der Welt gewesen war: in der National Hockey League NHL in Nordamerika. Vor seinem Engagement in Salzburg war Pagé seit 2002 für die *Eisbären Berlin* tätig. Diese gehören der *Anschutz Entertainment Group*, jenem weltweit tätigen US-Sportkonzern, dem Red Bull 2006 seine amerikanische Fußballmannschaft abkaufte. Unter Pagé waren die *Eisbären* zweimal Meister geworden.

Hardy Nilsson wurde vom Trainer zum sportlichen Leiter und Koordinator befördert. Er kümmerte sich fortan um die weitere Entwicklung der Eishockey-Sparte des Energydrink-Konzerns. Ein Schwerpunkt seiner Arbeit ist die Internationalisierung. So veranstaltet Red Bull seit fünf Jahren zum Saisonauftakt ein Einladungsturnier, das *Red Bulls Salute*, an dem mittlerweile auch internationale Spitzenmannschaften teilnehmen. 2009 gewannen die Mateschitz-Cracks zum ersten Mal das Turnier. In derselben Saison sichert sich die Pagé-Truppe bei der dritten Teilnahme auch den Titel im *Continental Cup*. An diesem europäischen Bewerb des

Eishockey-Weltverbands (IIHF) nehmen aber viele Top-Teams gar nicht teil.

Eine Champions League analog zum Fußball, die immer das Ziel von Red Bull gewesen war, wurde 2008/09 nur ein einziges Mal ausgetragen – aufgrund der Finanzkrise waren die Sponsoren für weitere Saisonen ausgeblieben. Den Titel holten sich in diesem einen Jahr übrigens die *Lions Zürich* im Finale gegen *Metallurg Magnitogorsk* aus Russland. Versuche, die Champions League 2010/11 wiederzubeleben, scheiterten an Unstimmigkeiten zwischen Weltverband und Clubs. Allerdings wurde 2010 die bis dahin nur auf Skandinavien beschränkte *Nordic Trophy* mit dem *Red Bulls Salute* zur *European Trophy* fusioniert. Diese sieht sich als Vorreiterin einer europaweiten Eishockey-Liga, die den Arbeitstitel „Big Bang" trägt. 2010 nahmen 18 Teams an der *European Trophy* teil. Als Finale, für das die Mateschitz-Cracks gesetzt waren, wurde das *Red Bulls Salute* ausgetragen. Die erste europäische Eishockey-Trophäe holten sich die Berliner Eisbären.

Nilsson könnte für Red Bull auch andere internationale Projekte in die Wege leiten: Im Fußball besitzt Red Bull vier Klubs. Ähnliche Pläne soll Dietrich Mateschitz in Nordamerika auch für das Eishockey wälzen. Im April 2007 ließ die *Kronen Zeitung* mit der Meldung aufhorchen, der Dosen-Konzern aus Salzburg plane die Übernahme der *Montreal Canadians*, einer der beliebtesten Mannschaften der NHL. Der Klub hat den begehrten Stanley Cup, den nordamerikanischen Meistertitel, insgesamt 23-mal gewonnen. Mit den Vereinsfarben Blau-Rot würden die *Canadians* schon jetzt perfekt zu Red Bull passen. Im Hintergrund soll es schon länger Gespräche zwischen dem Dosen-Imperium und dem Kosmetikkonzern *Gillette* gegeben haben, dem die *Canadians* damals gehörten. Dietrich Mateschitz soll selbst mehrere Male im Bell Centre in Montreal gewesen sein, um die *Canadians* vor 21.000 Zuschauern spielen zu sehen. Dabei soll er von der Kulisse und der Stimmung begeistert gewesen sein. Bislang blieb es aber bloß bei Gerüchten und vagen Ankündigungen. Vielleicht auch, weil *Gillette* die *Canadians* 2010 an den kanadischen *Molson*-Konzern verkaufte, zu dem unter anderem die *Molson Coors Brewing Company* gehört, eine der größten Brauereien der Welt.

Möglich wäre auch, dass Red Bull mit einer eigenen Mannschaft in der deutschen Eishockey-Liga mitspielt. Allerdings ist nicht geplant, einen deutschen Verein zu übernehmen. Vielmehr könnte eine starke Salzburger Formation jenseits der Grenze spielen, während hierzulande dann ein Nachwuchsteam weiter an der nationalen Meisterschaft teilnehmen würde. Auch die Teilnahme an der starken, von Russland ausgehenden Kontinentalen Hockey-Liga stand immer wieder im Raum.

12. Mateschitz und die Medien – Mateschitz' Medien

Aufsteiger vom Kaliber eines Dietrich Mateschitz sind ein gefundenes Fressen für Medien aller Art. Am Anfang seiner steilen Karriere als Selbstständiger musste der Oberbulle noch Zeitungen, Radios und Fernsehstationen hinterherlaufen, um die für sein Produkt notwendige Publicity zu erhalten. Mittlerweile ist es umgekehrt – sehr zum Leidwesen von Mateschitz: Der Red-Bull-Boss ist nämlich keineswegs jener mediengeile Selfmademan, den man eigentlich an der Spitze eines Marketing-Konzerns vermuten würde. Er ist vielmehr äußerst scheu und zurückhaltend im Umgang mit Journalisten, was im glatten Widerspruch zu seiner Profession steht. „Meine Philosophie ist ganz einfach“, brachte er es in einem *Red Bulletin* einmal auf den Punkt: „Da nicht ich zu kaufen bin im Regal, sondern Red Bull, ist es ganz logisch, dass Red Bull im Mittelpunkt unserer Marketing-Aktivitäten steht und nicht die Person. Dazu kommt natürlich dieser ausgeprägte Wunsch nach Privatsphäre.“ Die Aufgabe der persönlichen Assistentin und Sprecherin von Mateschitz ist es daher vor allem, nichts zu sagen und eine Begründung dafür zu finden, warum sie, ihr Chef oder sonst jemand aus dem Red-Bull-Konzern eine Anfrage nicht beantworten kann oder will.

Zuckerbrot und Peitsche

Die verschiedenen Unternehmen des Red-Bull-Imperiums geben jährlich unzählige Presseerklärungen heraus. Mal geht es um die Erfolge einzelner Sportler, mal um Neuverpflichtungen, mal um Vor- und Nachberichte zu Veranstaltungen, Spielen oder Rennen, mal um Pläne zur Nachwuchsförderung. Dabei handelt es sich ausschließlich um Inhalte, deren Veröffentlichung im Interesse des Unternehmens liegt, weil es sich schlicht und einfach um Werbung handelt. Abseits dieser gesteuerten Informationen mauert das Unternehmen. Es gibt kaum Auskünfte zu geplanten Projekten, Interviews mit Dietrich Mateschitz sind selten – wenn, dann werden sie nur ausgewählten Zeitungen und Zeitschriften gewährt. Gearbeitet wird nach dem Prinzip Zuckerbrot und Peitsche. Medien, die sich in der Vergangenheit dem Konzern gegenüber positiv verhielten – sprich: im Sinne Red Bulls berichteten –, erhalten hin und wieder eine persönliche Audienz beim großen Konzernchef. Wer neutrale Berichte verfasst hat, darf darauf hoffen, dass schriftlich zugeschickte Fragen im Namen von Dietrich

Mateschitz beantwortet werden. Wer die Antworten tatsächlich gibt, bleibt dabei offen. Negative Presse wird mit beinharter Nichtbeachtung bestraft: Anfragen aller Art werden höflich, aber bestimmt abgelehnt.

Dabei unterscheidet die Presseabteilung von Red Bull nicht nur zwischen den Verlagen, sondern sogar zwischen den einzelnen Produkten der Medienunternehmen. So haben etwa die *Salzburger Nachrichten* einen ausgesprochen guten Draht zu Red Bull und Dietrich Mateschitz. Kein Wunder: Jede noch so kleine Begebenheit rund um die konzerneigenen Kicker oder Eishockey-Cracks ist dem Blatt einen großen Bericht wert. Sogar die bei Zeitungen so beliebte Spielerbewertung wurde eine Zeit lang in Form von Red-Bull-Dosen durchgeführt: Eine zum Bersten gefüllte Dose gab es für „Superbullen", neben einer ausgedrückten fand sich die Wertung „Dose leer". Und über einer eigenen Sportkolumne prangte eine Zeit lang deutlich das Red-Bull-Logo. Die guten Kontakte und die Gratiswerbung haben auch zu dem wiederholt kolportierten Gerücht beigetragen, Mateschitz plane einen Einstieg in das renommierte Salzburger Zeitungsunternehmen. Neben seiner Tageszeitung besitzt der Verlag der *Salzburger Nachrichten* unter anderem mit dem *Salzburger Fenster* die größte Gratiszeitung des Landes. Diese wird allerdings von Red Bull konsequent geschnitten, seit einmal ein Artikel über eine nicht angemeldete und folglich auch nicht genehmigte Landung eines Wasserflugzeuges der *Flying Bulls* auf einem Badesee nördlich der Landeshauptstadt abgedruckt wurde.

Auf Kriegsfuß stehen Red Bull und Mateschitz auch mit der staatlichen Rundfunkgesellschaft *ORF*. Die ansonsten in Österreich fast allmächtigen öffentlich-rechtlichen Fernseh- und Radiomacher haben es dem Konzernchef offenbar nicht verziehen, dass er ihnen noch nie ein Fernseh- oder Radio-Interview gegeben hat und dass sie bei den Groß- und Mega-Events des Dosen-Konzerns in der Berichterstattung nicht die erste Geige spielen. Der geneigte Leser hat richtig gelesen: Dietrich Mateschitz hat tatsächlich noch nie ein Interview in einem elektronischen Medium gegeben – bis auf zwei Ausnahmen: Anlässlich des 20. Jahrestages der Markteinführung gewährte Mateschitz dem Mittagsjournal des Radiosenders *Ö1* ein E-Mail-Interview. Die Fragen und Antworten wurden bei diesem skurrilen Medienereignis von Sprechern verlesen. Und: Als Sebastian Vettel Formel-1-Weltmeister wurde, trieb RTL-Starreporter Kai Ebel Mateschitz im Paddock vor laufender Kamera dermaßen in die Enge, dass dieser den Titelgewinn mit einigen banalen Worten kommentieren musste. Von einem Interview im eigentlichen Sinn konnte aber keine Rede sein.

Die Stimme von Mateschitz war also so gut wie noch nie in den Medien zu hören. Die einen sagen, das liege daran, weil er sich selbst nicht hören könne. Manche witzeln, die Stimme sei wohl nicht ganz so groß wie ihr Träger. Das kann jedoch nicht der Hintergrund sein: Der Oberbulle hat eine normale Stimme und spricht eine gepflegte, gehobene Umgangssprache. Andere vermuten, er fürchte, in einer Live-Situation nicht entsprechend gut „rüberzukommen". Schließlich ist der Red-Bull-Gründer bei aller zur Schau getragenen Lässigkeit ein Perfektionist, der seine Projekte und sein Umfeld hundertprozentig kontrollieren will. Genau das ist aber im Radio und Fernsehen nicht möglich. Mateschitz selbst begründete seine Scheu vor Mikrofonen mit seinem ausgeprägten Wunsch nach Privatsphäre: In Fernsehen und Radio hinterlasse man einen viel tieferen, weil persönlichen Eindruck als in Printmedien. Und genau das wolle er nicht.

Daher mag er es auch nicht, ja er soll es geradezu hassen, wenn Medien über seine Person und sein Privatleben berichten. Als er in den *Seitenblicke Verlag* einstieg, machte sehr schnell das Gerücht die Runde, er habe die Society-Postille nur deshalb gekauft, um nicht mehr darin vorzukommen. Mateschitz bestätigte gegenüber dem deutschen Nachrichtenmagazin *Der Spiegel* persönlich, dass an dieser Meldung einiges dran ist: „Vielleicht lässt sich dadurch am besten verhindern, dass ich darin auftauche." Daher entbehrt es nicht einer gewissen Ironie, dass dem Oberbullen im Sommer 2007 eine Liaison mit einer Society-Journalistin nachgesagt wurde. Andererseits erzählen ehemalige langjährige Mitarbeiter, Mateschitz sei durchaus nicht frei von Eitelkeit und freue sich sehr wohl, wenn positiv über ihn geschrieben wird.

Red Bull TV

Die Übernahme des *Seitenblicke Verlags* führt nahtlos vom Thema „Mateschitz und die Medien" zum Thema „Mateschitz' Medien" über. Mehr als 20 Jahre nach der Markteinführung ist die Marke Red Bull in eine neue Phase der Entwicklung übergetreten. Das Unternehmen, das bislang vor allem mit seinem angeblich Flügel verleihenden Getränk und seinen zahlreichen Vertragssportlern in Verbindung gebracht wurde, will sich noch breiter aufstellen. Dazu hat man die elektronischen Medien, vor allem die *neuen* elektronischen Medien für sich entdeckt. Red Bull beginnt sich auch zum TV-Konzern zu entwickeln. Die Voraussetzungen dafür scheinen jedenfalls gegeben:

Es existiert eine bestens eingeführte Marke, die sich praktisch für fast alle wirtschaftlichen Bereiche nutzen lässt, also auch für Medien, wie Red Bull schon eindrucksvoll unter Beweis gestellt hat.

Es gibt ein breites Kundenfeld mit einer engen Bindung an die Marke. Die Red-Bull-Fans lassen sich wahrscheinlich mit geringem Aufwand für Marketing und Werbung auch als Seher/User von (interaktiven) elektronischen Medien gewinnen, so das Kalkül.

Red Bull verfügt über die passenden Inhalte. Der Konzern achtete in all den Jahren peinlich darauf, dass die Medienrechte für sämtliche Veranstaltungen im Haus blieben. In der jüngeren Vergangenheit produzierten TV-Teams von Red Bull schon Hunderte Stunden Sendematerial pro Jahr. Das Material wird Anstalten in aller Welt kostenlos zur Verfügung gestellt, die Sender greifen freudig zu. Als Folge wurden etwa im Jahr 2006 die Red Bull Air Race World Series von 70 Fernsehstationen rund um den Globus übertragen. Mit dem gleichen System bearbeitet Red Bull auch Radiostationen, Zeitungen und Magazine. Über eigene Server werden O-Töne für Radiobeiträge, Pressetexte und Fotos zur Verfügung gestellt – alles honorarfrei. Weil es in sämtlichen Medien enormen Kostendruck gibt, bedienen sich die Radiosender und Verlage genauso gern wie die TV-Anstalten.

Als wirtschaftlicher Rahmen für die Bildschirm-Ambitionen wurde im September 2007 eine *Red Bull TV GmbH* ins Leben gerufen. Für seine Fernsehpläne griff Mateschitz auf ehemalige führende *ORF*-Mitarbeiter zurück. Technischer Direktor wurde der ehemalige *ORF*-Technikchef Andreas Gall. Dieser brachte bei seinem Einstieg gleich sein Beratungsunternehmen, das *@-Viser Institut für konvergente Medien und Kommunikationssysteme*, in den Energydrink-Konzern mit ein. Unter *Medienkonvergenz* versteht die Wissenschaft die technische, wirtschaftliche und inhaltliche Annäherung verschiedener Einzelmedien. Dietrich Mateschitz geht so wie viele

Experten davon aus, dass traditionelles Fernsehen und Internet in den kommenden Jahren verschmelzen werden. Mit Gall hat er den aus seiner Sicht idealen Mann für den technischen Aufbau seines Fernsehens geholt. Der Ex-*ORF*-Techniker ist auch Technik-Geschäftsführer der *Red Bull Media House GmbH*, die im August 2007 als Muttergesellschaft der gesamten Medienaktivität von Red Bull gegründet wurde. Bei der strategischen Planung ließ sich Red Bull vom ehemaligen *ORF*-Generaldirektor Gerhard Weis beraten. Weiters im Fernsehstab war der ehemalige *ORF*-Programmentwickler Thomas Vacek, der jedoch im Spätsommer 2008 wieder ausschied: „Wir haben uns auseinandergelebt", sagte er im *Standard.*

Kurz davor war im Juni 2008 *Red Bull TV* auf Sendung gegangen – allerdings nur als Handy-Fernsehen, das digital terrestrisch (DVB-H) zu empfangen ist. Dazu passend kam am 1. Oktober 2008 als Kooperation mit der *Mobilkom Austria*, dem größten österreichischen Handy-Anbieter, der Mobilfunk-Vertrag *Red Bull Mobile* auf den Markt. Später folgte in der Schweiz das gleiche Angebot in Kooperation mit dem zweitgrößten Anbieter *Sunrise*. Der wirtschaftliche Erfolg des Handy-Fernsehens ist jedoch noch sehr überschaubar. Der Sender soll das Hauptgeschäft und die verschiedenen *Corporate Projects* wie Fußball, Formel 1 oder Air Races inhaltlich und wirtschaftlich flankieren. Zu empfangen ist *Red Bull TV* seit Herbst 2009 auch über Digital-Satellit als Programm-Fenster bei *Servus TV* – siehe nächstes Unterkapitel. Zudem werden jene sportlichen Events, bei denen Red Bull als Sponsor engagiert ist, weiterhin anderen Medien audiovisuell zur Verfügung gestellt.

Servus TV

Die ersten Gehversuche auf dem Fernsehmarkt unternahm Red Bull vor seinem Handy-TV bereits Ende 2006 in Salzburg, als der Konzern von einem Konsortium bestehend aus der regionalen Wirtschaftskammer, dem *Raiffeisenverband Salzburg* und dem *Bankhaus Carl Spängler* 95 Prozent des kleinen, regionalen Senders *Salzburg TV* übernahm. 5 Prozent hielten anfangs weiterhin die beiden Unternehmensgründer, diese schieden aber in weiterer Folge aus. Über die Hintergründe dieses Engagements wurde oft spekuliert. Interpretiert wurde es zum einen als erster Schritt in Richtung Red-Bull-Fernsehen. Zum anderen hieß es, die Wirtschaftskammer und die ihr nahestehenden Banken hätten den Red-Bull-Gründer eindringlich daran erinnert, welche Gefälligkeiten man ihm in Salzburg in den vergangenen Jahren schon erwiesen habe – etwa bei Bauverfahren oder bei Ausnahmegenehmigungen für Flugveranstaltungen. Mateschitz soll sich erst nach längeren Gesprächen dazu bereit erklärt haben, den Sender zu übernehmen.

Salzburg TV wurde landesweit ins Kabelnetz eingespeist. Darüber hinaus verfügte der Sender über eine analoge terrestrische Lizenz für den Salzburger Zentralraum, die jedoch mit der Digitalisierung des terrestrischen Fernsehens Mitte 2007 de facto wertlos wurde. Damit war klar, dass sich das Unternehmen neu orientieren musste: entweder nach vorne oder nach rückwärts. Die Re-Dimensionierung auf einen reinen Kabelsender wurde nie ernsthaft in Erwägung gezogen, sodass nur mehr der Weg in Richtung digitales Satellitenfernsehen sinnvoll schien. Dazu brauchte man einen finanzkräftigen Partner, weil allein die Kosten für einen digitalen Sendeplatz auf einem Astra-Satelliten 750.000 Euro pro Jahr betragen. Für Red Bull ist das ein Betrag, der angesichts des gigantischen Marketingbudgets aus der sprichwörtlichen Portokasse zahlbar ist. Für *Salzburg TV* und seine damaligen Eigentümer stellte der Sprung zum Satellitenfernsehen aber ein Wagnis dar, das man ohne starken Partner nicht eingehen wollte.

Ersten Plänen zufolge hätte sich der neue Eigentümer von *Salzburg TV* ab Mitte 2007 in Form eines neuen Programms bemerkbar machen müssen. Den Managern in Fuschl dürfte aber relativ rasch klar geworden sein, dass sich ein Fernsehprogramm nicht innerhalb weniger Monate aus dem Boden stampfen lässt. Anfang Juni 2007 teilte das Unternehmen dann offiziell mit, was in der Medienszene längst alle Spatzen von den Dächern pfiffen: „Wir sind noch in der Planungsphase. Das Programm wird sicher nicht vor dem nächsten Jahr von uns übernommen." Details würden erst veröffentlicht, wenn das Projekt fertig auf dem Tisch liege. Organisatorisch wurde *Salzburg TV* in die *Red Bull Media House GmbH* eingegliedert. Mateschitz kündigte an, *Salzburg TV* solle als eigenes, regionales Programm erhalten bleiben.

Befürchtungen, Red Bull würde in Salzburg mit einem eigenen Fernsehen über eine zu große (unternehmerische) Macht verfügen, wischte Mateschitz in den *Salzburger Nachrichten* einmal beiseite: „Es ist erstaunlich, dass es für redaktionellen Unsinn noch Steigerungsstufen gibt. Die Frage des Einflusses hat keine Relevanz. Ich bin ein absolut (partei-)unpolitischer Mensch. Selbst wenn man mir Macht anbieten würde, würde ich sie nicht haben wollen. Was wir tun, muss in erster Linie seine Richtigkeit haben. Dass wir einiges davon in Salzburg machen, hat sicherlich auch etwas mit Goodwill, Verantwortung und Liebe zum Standort zu tun."

Wer den Hang von Dietrich Mateschitz zur klassischen Philosophie und Ethik und seine Einstellung gegenüber Österreich und dessen hohe Steuern kennt, ist durchaus geneigt, hinter diesen Äußerungen mehr als die Schaumschlägerei eines Marketing-Profis zu sehen. Natürlich könnte man an dieser Stelle auch eine kritische Frage stellen: Wie weit handelt es sich bei der zur Schau getragenen Freundlichkeit um reine Marketing-Strategie? Ist der Red-Bull-Konzern wirklich eine Gesellschaft netter Menschen oder will er nur als solche wahrgenommen werden? Der Oberbulle kann jedenfalls auch beinhart sein, wenn er muss. Das musste die alte Redaktion von *Salzburg TV* zur Kenntnis nehmen, die fast vollständig ausgetauscht wurde. Und er versteht es, seine Kontakte zum Vorteil seines Unternehmens zu nutzen. Andererseits, wie sagt der Volksmund so richtig: Verbindungen schaden nur demjenigen, der keine hat.

Der Relaunch von *Salzburg TV* erfolgte mit mehr als einjähriger Verspätung im Oktober 2008. Bis dahin waren viele Konzepte erstellt und verworfen und ganze Legionen von Experten und Beratern durch die Gänge von Red Bull geschleust worden. Unter anderem ließ sich Mateschitz von Ex-*RTL*-Manager Hans Mahr beraten. In dieser Phase wurde auch viel Geld verbrannt. Schon bald nach dem Relaunch wurde klar, dass sich Mateschitz mit keinem Regionalsender zufriedengeben würde. Der neue Sender sollte nach der typischen österreichischen Grußformel *Servus TV* heißen. Der Name soll laut Red-Bull-Legende übrigens Mateschitz selbst eingefallen sein – seine Mitarbeiter reagierten darauf im persönlichen Gespräch durchwegs mit Kopfschütteln. Geplant wurde ein Kulturfernsehen für den Alpen-Adria-Donau-Raum – eine Art rot-weiß-rotes *ARTE*. Auch bei der Umwandlung von *Salzburg TV* zu *Servus TV* gab es wiederholte Verzögerungen. Der Sendestart erfolgte dann im Oktober 2009.

Gesendet wird qualitativ anspruchsvolles Programm in HD-Qualität europaweit unverschlüsselt über Satellit. Es gibt preisgekrönte Naturdokumentationen, Porträts, Kultur- und Lifestyle-Sendungen, künstlerisch wertvolle Filme, stark besetzte Talks im *Hangar 7* und Ende 2010 auch eine erste selbst produzierte TV-Reihe von Regisseur Reinhard Schwabenitzky mit seiner Gattin Elfi Eschke in der Hauptrolle. Obwohl sich das Programm sehen lassen kann und der Sender mittlerweile um einiges mehr Mitarbeiter beschäftigt als das Salzburger Landesstudio des *ORF*, rangiert *Servus TV* noch immer hart an der Wahrnehmungsgrenze. So betrug der Marktanteil im Jänner 2010 gerade einmal 0,5 Prozent, der über das gesamte Jahr 2010 lag bei 0,4 Prozent. Zum Vergleich: Im Jänner 2011 hatte der reine Kultursender *3sat* 2,0 Prozent Marktanteil.

Mateschitz und Red Bull als Verleger

Im Printbereich sind Red Bull und Mateschitz einen Schritt weiter als beim Fernsehen. Seine Karriere als Verleger startete der Oberbulle bereits 2003: Als Privatperson übernahm er gemeinsam mit einem seiner engsten Freunde, dem *KTM*-Sportdirektor Heinz Kinigadner, und dem ehemaligen *KTM*-Vorstand Markus Stauder die Mehrheit am *Seitenblicke Verlag*. Mateschitz und Stauder hielten anfangs je 20 Prozent, Kinigadner knapp mehr als 10 Prozent. Der *Seitenblicke Verlag* war zuvor ordentlich ins Trudeln geraten. Die Anteile dürften daher günstig gewesen sein. Gründer der Promi-Postille war der ehemalige FPÖ-Generalsekretär Walter Meischberger, der später gemeinsam mit dem ehemaligen Finanzminister Karl-Heinz Grasser in einige Affären verwickelt sein sollte. Der Tiroler hatte als Politiker seinen Hut nehmen müssen, nachdem er in diverse Skandale und Skandälchen involviert gewesen war. Er gehörte zu keinem Zeitpunkt zum inneren oder äußeren Zirkel rund um den Red-Bull-Gründer und verließ unter den neuen Eigentümern das Unternehmen.

Mateschitz stockte die Anteile über seine Beteiligungsgesellschaft rasch auf 80 Prozent auf. Die restlichen 20 Prozent hielten zu gleichen Teilen Kinigadner und Stauder. Die neuen Eigentümer verliehen dem *Seitenblicke Magazin* Flügel: 2006 war ein derart gutes Jahr, dass der Oberbulle und seine Partner entschieden, die Society-Zeitschrift ab dem Frühjahr 2007 künftig wöchentlich und nicht mehr 14-tägig erscheinen zu lassen. Die Auflage betrug 2008 etwas mehr als 80.000 Stück.

Der Verlag des *Seitenblicke Magazins* änderte seit 2003 gleich mehrere Male seinen Namen. Zuerst wurde er in *Bull Press Verlag* und im Frühjahr 2005 mit dem Erscheinen des *Red Bulletin* in *Red Bulletin Verlag* umbenannt. Das *Red Bulletin* ist eine völlig neuartige Zeitung, die anfangs in direktem Zusammenhang mit der Formel-1-Aktivität des Dosen-Imperiums stand. Dennoch wurde es zu Beginn von einem Unternehmen verlegt, an dem Mateschitz als Privatperson die Mehrheit hielt. Produziert wurde auf einem Sattelzug, direkt an der Rennstrecke. Auf dem Anhänger war eine mobile Druckmaschine montiert, 20 Minuten nach dem Ende des Rennens wurde die Ausgabe verteilt. Die anfangs rund 30 Mitarbeiter waren arrivierte Motorsport-Redakteure, Fotografen und Cartoonisten. Der Inhalt war ausgezeichnet recherchiert, witzig und spritzig aufbereitet – so wie es eben die Art von Red Bull ist. Die Zeitung erreichte unter Formel-1-Fans bald fast Kultstatus: „Wir schaffen damit Werte, die mit Geld gar nicht aufzuwiegen sind", meinte Mateschitz einmal unbescheiden.

Anfangs erschien das *Red Bulletin* ausschließlich im Fahrerlager und dem angeschlossenen Bereich, dem sogenannten Paddock. In weiterer Folge gab es die Red-Bull-Zeitung auch außerhalb der Formel 1: Im

Einsatz war die mobile Druckerei etwa beim ersten Spiel der Kicker des *FC Red Bull Salzburg*, bei den berühmten Hahnenkamm-Skirennen in Kitzbühel – dort ist Red Bull Großsponsor – oder zum Auftakt einer spektakulären musikalischen Flussreise des von Red Bull unterstützten Musikers Hubert von Goisern. Solche Ausgaben wurden den großen Tageszeitungen beigelegt und standen damit auch der breiten Masse zur Verfügung.

Im Herbst 2007 gab der Verlag bekannt, dass das *Red Bulletin* zu einem Lifestyle-Monatsmagazin wird, das künftig mit einer Auflage von 1,1 Millionen Stück (!) den österreichischen Bundesländer-Zeitungen beigelegt werden soll. Das Magazin solle „aktuell, humorvoll, geistreich und pointiert" aus der Welt von Red Bull berichten, ließ Mateschitz mitteilen: „Mit spitzer Feder und etwas Augenzwinkern nehmen wir unsere Freunde, aber auch uns selbst, auf liebevolle und geistreiche Weise aufs Korn." Inhaltliche Schwerpunkte der etwa 100 Seiten sind Sport, Gesellschaft, Kunst, Kultur.

Bereits Anfang 2007 war das *Red Bulletin* aus dem privaten Mateschitz-Verlag ausgegliedert worden. Damit war wieder eine Namensänderung des Verlags notwendig geworden: Das Unternehmen firmierte fortan unter *Bull Verlag*. Herausgeber des *Red Bulletin* war eine Gesellschaft, die schlicht *Red Bulletin GmbH* heißt. Diese war eine 100-Prozent-Tochter von Red Bull, hatte ihren Sitz aber an der gleichen Wiener Adresse wie der *Bull Verlag*. Die beiden Verlage teilten sich sogar die Telefonnummer. In der Öffentlichkeit wurden sie daher als Einheit wahrgenommen, auch die Mitarbeiter in der Telefonzentrale wussten den Unterschied nicht zu erklären. Teilweise war von der *Red Bulletin GmbH* die Rede, wenn der *Bull Verlag* gemeint war, und umgekehrt. Kaum jemand wusste, dass es die Unterscheidung überhaupt gab, sie wurde von den beiden Unternehmen auch nicht kommuniziert. Daran zeigt sich erneut, dass die persönlichen Engagements des Dietrich Mateschitz kaum von jenen des Energydrink-Konzerns zu trennen sind.

Im Sommer 2010 beendete Mateschitz dann diese Verwirrung und gliederte das *Seitenblicke Magazin* in die *Red Bulletin GmbH* ein, die wiederum eine Tochter des *Red Bull Media House* ist und ihren Sitz im Hauptquartier von Red Bull in Fuschl am See hat. Nichtsdestotrotz sitzt die Redaktion des *Seitenblicke Magazins* weiterhin am Hauptort des Society-Geschehens: in Wien. Heinz Kinigadner und Markus Stauder schieden jedoch als Gesellschafter aus.

Das *Red Bulletin* wird mittlerweile auch deutschen Zeitungen und in einer englischen Ausgabe auch britischen und irischen Blättern beigelegt.

Daneben gibt es seit 2008 auch das Magazin *Speedweek* – eine Motorsportzeitschrift, die mit einer Auflage von 75.000 Stück im Verlag *Red Bulletin Schweiz* erscheint. Die Zeitschrift hat trotz ihres Namens auch eine deutsche Internet-Adresse. Für die Gründung engagierte Mateschitz den ehemaligen Chefredakteur von *Motorsport aktuell*, Günther Wiesinger. Der Verlag sitzt in Uster, eine 31.000-Einwohner-Stadt vor den Toren der Finanz- und Wirtschaftsmetropole Zürich.

Ende November 2010 startete der Red-Bull-Gründer sein bislang letztes Medienprojekt: Im österreichischen *Red Bulletin*-Verlag erschien die erste Ausgabe von *Servus in Stadt & Land*. Im Vordergrund der Monatszeitschrift, die sich selbst „Österreichs-Lebensgefühl-Magazin“ nennt, sollen „Natürlichkeit, Bodenständigkeit, Regionalität, Authentizität und vor allem Entschleunigung“ stehen, teilte das Unternehmen mit. Die Marke *Servus* soll an den Red-Bull-Sender anknüpfen. Die Zeitschrift kann auch als Hintergrundmagazin zum Sender verstanden werden – so wird dasselbe Logo verwendet. Auch für dieses Magazin wurden hervorragende Autoren und Fotografen engagiert. Die erste Ausgabe erschien mit einer Auflage von 50.000 Stück.

13. Carpe Diem – die Wellness-Marke

Dietrich Mateschitz hat einen Hang zu donnernden Motoren. Mindestens ebenso wichtig wie heiße Boliden sind ihm aber gutes Essen und Trinken in ansprechendem Ambiente. Red Bull ist das weltweit profitabelste Getränk. Was liegt näher, als die dazu passenden Gaumenfreuden zu servieren, und zwar im eigenen Restaurant? Red-Bull-Gastronomie aus einer Hand sozusagen. Mit seiner Event-Location *Hangar 7*, in der unter anderem das Restaurant *Ikarus* untergebracht ist, dem Restaurant *Bull's Corner* im EM-Stadion in Salzburg-Kleßheim und dem Gasthof *Winterstellgut* in Annaberg gehen Red Bull und der Unternehmensgründer als Privatperson konsequent den Weg in Richtung Aufbau einer eigenen Gastronomieschiene.

Damit liegen sie wirtschaftlich auch voll im Trend: In den heimischen Haushalten wird im Schnitt nur mehr ein- bis dreimal pro Woche selbst gekocht. Jahr für Jahr steigen die Umsätze der Restaurants und Fast-Food-Ketten. Wie die Gastro-Experten Peter Gnaiger und Wolfgang Hoffmann in ihrem Buch *In die Suppe gespuckt* schreiben, gaben Frau und Herr Österreicher im Jahr 2005 fast 13 Milliarden Euro für Essen außer Haus aus. Bis 2015 solle dieser Betrag noch einmal um fast ein Viertel steigen. Die heimische Gastronomie verfüge über 3,6 Millionen Sitzplätze. Mit einem Wort: „Der Außer-Haus-Verzehr ist eine unerschöpfliche Cash-Cow."

Um kulinarisches Wohlbefinden zu garantieren, verfügt Mateschitz nicht nur über mehrere Restaurants, sondern gleich über eine eigene Gastronomie-Wellness-Marke: Mit *Carpe Diem* (nutze den Tag) plant er einen ähnlich steilen Aufstieg wie mit Red Bull. Allerdings kommt die Marke seit ihrer Einführung im Jahr 1997 nicht so recht vom Fleck, es fehlen wohl die Flügel des Bullen.

Getränke mit Geschichte(n)

Der Beginn von *Carpe Diem* geht auf 1993 zurück. Damals gründete Mateschitz die *Stock Vital GmbH*: „Mit der Zielsetzung, gesunde Wirkungsgetränke zu entwickeln und zu vermarkten", heißt es dazu auf der offiziellen Homepage. Das Unternehmen gehört dem Oberbullen privat, es läuft wirtschaftlich völlig unabhängig von Red Bull, untersteht also auch nicht dem Einfluss der Red-Bull-Miteigentümer aus Thailand. Bereits 1989 hatte Mateschitz versucht, mit *Red Rooster* (roter Hahn) im Windschatten von Red Bull ein zweites Getränk auf dem Markt zu platzieren. Die nach Ahornsirup schmeckende Limonade war jedoch ein totaler Flop: Sie war gleich teuer wie Red Bull, bot aber keinen konsumistischen Mehrwert. Aus diesem Fehler hat Mateschitz einiges gelernt. Seine nicht gerade billigen *Carpe-Diem*-Produkte sind mit fernöstlichen Weisheiten und esoterischer Gesundheitslehre aufgeladen. Ein Getränk müsse Sinn haben, sagte Mateschitz einmal: „Den Durst zu löschen, reicht schon lange nicht mehr aus." Während Red Bull angeblich die körperliche Leistungsfähigkeit steigert, soll *Carpe Diem* Geist und Kreativität beflügeln.

Nach der Gründung der *Stock Vital GmbH* im Jahr 1993 passierte nach außen hin längere Zeit nichts. 1997 kam dann in Österreich *Kombucha* (gesprochen: Kombuhtscha) auf den Markt, das von seinen Erfindern als

„das erste sogenannte ‚Wellness-Getränk'" bezeichnet wird. *Kombucha* ist keine Erfindung der Labors von Red Bull, sondern es soll ursprünglich aus der chinesischen Küche stammen. Im Internet kursieren Berichte, denen zufolge die gesunde Wirkung des mit Hefe- und Milchsäurekulturen fermentierten Getränks bereits während der Qin-Dynastie (897–207 vor Christus) geschätzt wurde. In Europa wurde *Kombucha* zum ersten Mal im frühen 20. Jahrhundert öffentlich erwähnt. Glaubt man den Werbe-Experten von *Carpe Diem*, ist es „seit jeher Bestandteil der uralten asiatischen Lebenslehre des Zen". Diese Geschichte soll auch durch das Symbol des Zen vermittelt werden: Der Bogenschütze, der die absolute Konzentration auf Körper, Geist und Seele, den Augenblick vollendeter Harmonie verkörpert, ist auf jede *Kombucha*-Flasche aufgedruckt.

Viele Experten gehen mittlerweile davon aus, dass *Kombucha* ursprünglich nichts mit Zen zu tun hat. Wahrscheinlich stammt das Getränk aus Osteuropa, eventuell aus Russland oder Polen, und es dürfte sich um eine Erfindung aus der frühen Neuzeit handeln. Wie auch immer: *Kombucha* wird von seinen Fans eine ganze Reihe von Wirkungen nachgesagt, von denen die meisten allerdings bis heute nicht wissenschaftlich belegt sind. Das ist typisch für Esoterik und esoterische Produkte: Sie wirken nur, wenn man an sie glaubt. *Kombucha* etwa soll nach Ansicht von Alternativmedizinern zur Entgiftung und Entschlackung des Körpers beitragen, das Immunsystem stärken und angeblich sogar helfen, Krebs zu bekämpfen.

Auf der Homepage von *Carpe Diem* stand zu lesen, *Kombucha* habe einen regelrechten Wellness-Boom ausgelöst. Diese Aussage kann man nur in den Bereich der Werbemärchen verweisen. Mit dem Getränk konnte bestenfalls ein bereits fahrender Zug beschleunigt werden.

Sollte *Kombucha* tatsächlich den Wellness-Boom ausgelöst haben, hätte die Marke wohl nicht von Anfang an mit Akzeptanzproblemen zu kämpfen gehabt. Der Red-Bull-Gründer selbst räumte einmal „stolze Verlustvorträge" ein.

Im Jahr 2001 brachte Mateschitz unter dem Dach seiner Wellness-Marke zwei weitere Getränke auf den österreichischen Markt: *Ginkgo* und *Kefir*. Die Entwicklung der beiden Produkte hatte ein Jahr gedauert, also wesentlich kürzer als jene von *Kombucha*. Auch zu *Ginkgo* und *Kefir* lieferten die Marketingexperten die passende Story. Sie versuchten nicht, ein Getränk zu verkaufen, sondern vielmehr eine Flasche Gesundheit, die „zufällig" auch noch den Durst stillt. Der Produktname *Ginkgo* bezog sich selbstverständlich auf den gleichnamigen Baum. Funde zeigen, dass die Art seit mindestens 290 Millionen Jahren existiert, weshalb der Ginkgo auch der „Saurier der Bäume" genannt wird. „Seine Regenerationskraft ist immens", schwärmten die *Carpe-Diem*-Marketing-Experten: „Einst Beschützer der heiligen Tempel Japans und Chinas, wurde dem Baum schon früh besondere Widerstandsfähigkeit zugeschrieben. Es scheint, dass in *Ginkgo* das Geheimnis großer Vitalität verborgen liegt."

Ähnlich esoterisch war die Geschichte, die zu *Kefir* serviert wurde: „Am Fuße des Elbrusgebirges im Kaukasus lebte einst das Volk der Osseten. Viele von ihnen schienen selbst hochbetagt ihre Vitalität in keinster Weise einzubüßen und erreichten der Legende nach ein fast biblisches Alter. Jahrhunderte lang behielten die Osseten das Geheimnis ihrer schier grenzenlosen Lebenskraft für sich." Selbstverständlich war das dickflüssige, kohlensäure-, kohlendioxid- und leicht alkoholhaltige Milchgetränk für die hohe Lebenserwartung der Osseten verantwortlich. Dank *Carpe Diem* können wir nun alle so alt werden und dabei so vital bleiben wie die Osseten, lautete die Botschaft.

Allerdings schienen weder Baumsaurier noch Osseten die Kunden überzeugt zu haben. Daher wurden diese Geschmacksrichtungen mittlerweile wieder sang- und klanglos eingestellt. Nun gibt es *Kombucha* in drei Geschmacksrichtungen: als Classic, Quitte und Cranberry.

Wie bei Red Bull spielt auch bei den *Carpe-Diem*-Produkten die Verpackung eine wesentliche Rolle: Die Glasflaschen sind hoch und schlank und zur Mitte hin nach innen verjüngt, sodass sie noch schlanker wirken. Es ist klar, welche Botschaft dadurch vermittelt werden soll: Wellness soll helfen, schlank zu bleiben bzw. schlank zu werden, bei *Carpe Diem* gibt es die Getränke dazu.

2002 wurde *Carpe Diem* in Deutschland, der Schweiz, England, Irland, den Niederlanden, Belgien und Südafrika eingeführt. Der Erfolg war aber bei weitem nicht so groß wie jener von Red Bull. Ein Jahr später kam die Version *Carpe Diem fresh* dazu, die als erfrischendes Getränk für unterwegs in praktischen Halbliter-Plastikflaschen verkauft wird. 2004 schickte sich Mateschitz an, auch mit seiner zweiten Marke den US-Markt zu erobern. Eingeführt wurden die Produkte in Los Angeles, wo sie allerdings im Gegensatz zu Red Bull nicht an jeder Ecke, sondern nur in ausgewählten Lokalen und exklusiven Geschäften erhältlich sind.

Seit 2006 bietet *Carpe Diem* noch drei Sorten von *Botanic Water* an: 26 pflanzliche Bestandteile sollen dem Mateschitz-Wasser je nach Zusammenstellung beruhigende, harmonisierende oder belebende Wirkung verleihen. Um diese Versprechen auch wissenschaftlich untermauern zu können, wurde für die Produktentwicklung der Vorstand des Instituts für angewandte Botanik und Pharmakognosie der Veterinärmedizinischen Universität in Wien gewonnen. Das botanische Wasser ist in Österreich mittlerweile in den meisten Supermärkten erhältlich. Dort steht es in direkter Konkurrenz mit zahlreichen vergleichbaren Produkten, ohne sich besonders abzuheben.

Neue Qualität des Fastfoods

Unter der Marke *Carpe Diem* gibt es mittlerweile nicht nur Wellness-Getränke, sondern auch Wohlfühl-Essen: 2005 eröffnete Mateschitz am Beginn der Getreidegasse, der wohl bekanntesten Straße in der Salzburger Altstadt, ein *Carpe-Diem*-Restaurant, das den Untertitel *finest Fingerfood* trägt. Das gastronomische Konzept stammt von Vier-Hauben-Koch Jörg Wörther. Dem „Koch des Jahrzehnts" der Neunzigerjahre war es mit der Zeit zu wenig, nur für eine kleine, erlauchte Schar von betuchten Gourmets auf höchstem Niveau zu kochen. Er wollte seine kulinarische Genialität der breiten Masse zur Verfügung stellen. Sein Ziel: Gaumenfreuden in höchster Qualität und Vollendung sollten einfach, schnell und preiswert genossen werden können – eine völlig neue Dimension des Fastfoods. Als „Unterlage" für seine Kreationen griff Wörther auf eine bewährte Form zurück: auf Tüten (engl. *cones*).

Seine Idee schilderte Wörther bei einem zufälligen Zusammentreffen Mateschitz. Der rief nach einigen Tagen an und bot an, der Spitzenkoch könne sein Konzept unter der Marke *Carpe Diem* verwirklichen. Das *Carpe-Diem*-Restaurant in der Mozartstadt war als „Flagship Store" geplant, dem auf Franchise-Basis einst viele weitere Fingerfood-Restaurants folgen sollten. Anfang 2005 wurde großmundig vom Start einer neuen Gastronomie-Kette berichtet. Allerdings hat das Flaggschiff bis dato noch keine weiteren Betreiber ins Schlepptau nehmen können. Wörther führt das selbstkritisch auch auf den Erfolg und die Ausrichtung des Hauses in der Getreidegasse zurück: Der „edle Laden“ habe wohl so manchen potenziellen Franchise-Nehmer abgeschreckt.

Die Gäste kommen aber in Scharen: Im Jahr 2007 wurden im Schnitt 740 Gäste (!) pro Tag bewirtet. Wer das *Carpe-Diem*-Restaurant besucht und verstehen will, was ihm serviert wird, dem empfiehlt sich ein Crash-Kurs in exklusivem Küchenlatein und österreichischem Dialekt: Auf der Karte stehen etwa Yellowfin Tuna im Salat von Avocados mit Ingwer im Kürbis-Cone, Beef Tatar mit Erdäpfelpüree und Rucola im Kartoffel-Cone oder Steaksandwich im Mini-Vintschgerl mit Senffrüchtechutney.

Trotz oder vielmehr gerade wegen des großen wirtschaftlichen Erfolges verließ Jörg Wörther Ende August 2007 das Unternehmen und verzichtete damit auf eine jährliche Gage von kolportierten 140.000 Euro. Gegenüber dem Verfasser sprach er offen von Differenzen mit dem Oberbullen: Er, Wörther, habe stets eine Catering-Schiene aufbauen und das Franchise-Konzept weiter verfolgen wollen. Mateschitz hingegen habe sich mit dem *Carpe-Diem*-Restaurant in der Getreidegasse zufrieden gegeben und nach dem Einstieg in Formel 1 und Fußball offenbar das Interesse an einer weiteren Entwicklung des Fingerfood-Konzepts verloren. „Für mich muss sich einfach etwas weiterbewegen. Das Haus ist aufgebaut und braucht mich nicht mehr“, begründet der Starkoch seinen Ausstieg.

Die Rechte am *finest Fingerfood* liegen bei Wörther, der sie weiterhin dem *Carpe-Diem*-Restaurant mit dessen neuem Küchenchef Franz Fuiko gewährt. Nach der wirtschaftlichen Trennung von Mateschitz kündigt er an, nun endlich seine Catering-Pläne verfolgen zu wollen. Auch über ein oder mehrere Take-away-Restaurants dachte Wörther nach. Damit wäre es mit der Exklusivität des Hauses in der Getreidegasse vorbei gewesen. Bis Ende 2010 wurde jedoch keiner der Pläne Wörthers Realität, und um den einstigen Starkoch war es ziemlich ruhig geworden.

Man darf daher gespannt sein, wie die weitere Entwicklung des Fingerfood-Restaurants in der Altstadt verläuft. Denn Insider wollen trotz der vielen Gäste von hohen Verlusten wissen. Die gesamte *Carpe Diem*-Gesellschaft schrieb laut dem Wirtschaftsmagazin *Format* 2008 einen Verlust von mehr als zehn Millionen Euro. In der Zwischenzeit bleibt Zeit, die Seele baumeln zu lassen – am besten mit *Carpe Diem*: Wer nach dem Genuss der *Carpe Diem*-Getränke oder des *finest Fingerfood* noch immer nicht seine Mitte gefunden haben sollte, dem wurden ab dem Sommer 2006 eigene Kurse in *Carpe Diem Urban Yoga* angeboten. Auf der *Carpe Diem*-Homepage gab's und gibt's zudem allerlei Tipps und Tricks rund um Wellness und Gesundheit und ein eigenes Diskussionsforum. Red Bull und *Carpe Diem* und die dahinter stehenden Produkte sind nur schwer miteinander zu vergleichen. Dennoch zeigt sich ein und dieselbe Strategie: Es geht Dietrich Mateschitz darum, eine Dachmarke zu etablieren, die es schafft oder in absehbarer Zukunft schaffen soll, den gesamten Lebensbereich ihrer Kunden zu integrieren.

14. Afrikanische Gefühle

Neben Red Bull und *Carpe Diem* ist Dietrich Mateschitz mit dem Aufbau einer dritten Dachmarke beschäftigt: *Afro Coffee*. Die bunte Marke präsentiert sich so, als wären ihre Zielgruppen Reggae-Fans, Rastafaris und

Mitglieder der Black-Power-Bewegung. In erster Linie geht es darum, Lokale, sogenannte *Afro Cafés*, zu betreiben. Angeboten werden dazu verschiedene Kaffee- und Teesorten und Accessoires wie T-Shirts und Tassen. *Afro Coffee* will das Bedürfnis nach einer afrikanischen Kaffeekultur wecken und natürlich befriedigen. Wie bei *Carpe Diem* wird auch hier eine Geschichte mitgeliefert, die Identität mit der Marke schaffen soll: „Coffee was first found in the region of Kaffa, Ethiopia, Africa. Because coffee in its nature is Black. And Black is back. The Afro Café is how the people themselves see it. Something more close to what Africa really is. Colour. Vibrance. Music. People." Personalisiert wird diese Geschichte mit einer Figur namens *Afro Dude*, die aussieht, als wäre sie einem MTV-Comicclip entsprungen.

Vorbild für die Marke ist das *Afro Café* in Kapstadt. Das Lokal wurde 2005 von Grant Rushmere eröffnet, einem weißen Südafrikaner, der zuvor als Männermodel weltweit bekannt geworden war. Werbeprofi Johannes Kastner, der sich schon mit dem Slogan „Red Bull verleiht Flüüügel" ein Denkmal in der Branche gesetzt hatte, kam kurz nach der Eröffnung im Zuge einer Geschäftsreise zufällig am trendigen Café vorbei. Er war vom prägnanten Design mit Afro-Motiven, den eigenen Kaffee- und Teemarken und dem ambitionierten Auftreten Rushmeres sofort begeistert. Nach kurzen Vorgesprächen brachte er den Neo-Unternehmer aus Südafrika mit seinem alten Partner Dietrich Mateschitz zusammen.

Für den Start in Österreich gründeten Mateschitz, Kastner und Rushmere Ende 2005 in Thalgau die *Afro Coffee GmbH*. Thalgau ist die Nachbargemeinde von Fuschl am See. Dietrich Mateschitz neigt dazu, zumindest die Zentralen seiner Unternehmen räumlich zusammenzuhalten. Das Thalgauer Afro-Unternehmen war anfangs eine hundertprozentige Tochter der *Afro*

Coffee AG, die ihren Sitz in der Schweiz hat – genauer: in Baar. Dort befindet sich – nicht zufällig – auch die Zentrale der *Red Bull AG Schweiz*. Mittlerweile wurde das einstige private Investment von Mateschitz, Kastner und Rushmere – über die Aufteilung der Anteile gab es keine Angaben – in den Red-Bull-Konzern eingegliedert.

Mit ihrer Standortwahl machten Mateschitz & Co. gleich von Anfang an klar: Das neue Gastro-Konzept soll europaweit angeboten werden. „Wir wollen nach dem Flagship-Store in Salzburg weitere Cafés in Städten wie Amsterdam, Kopenhagen oder Berlin eröffnen", sagt Rushmere im Interview mit dem Wirtschaftsmagazin *trend*. Das Ziel: „Ein Fixpunkt in den urbanen Landschaften Europas werden." Er räumt ein, dass sich seine Marke an Konkurrenten wie *illy* orientiert: „Aber wir wollten unserem Lokal nicht eine berühmte europäische Marke überstülpen. Wir wollen einen selbstbewussten, vibrierenden Aspekt Afrikas darstellen." Zudem gehe es darum, die Not leidenden afrikanischen Kaffeebauern zu unterstützen. „Wir werden die Fair-Trade-Prinzipien hochhalten und promoten."

Abgefüllt werden die Kaffee- und Teesorten in Dosen, die wie jene von Red Bull aus dem Hause *Rexam* kommen. Eigentlich hätte das erste *Afro Café* bereits im Sommer 2006 am Bürgerspitalplatz, in der Salzburger Altstadt, unweit des *Carpe-Diem*-Restaurants, aufsperren sollen. Die Eröffnung verzögerte sich jedoch bis Mai 2007. Offiziell dauerten die Verhandlungen mit Mietern über dem Lokal länger als geplant. Angeboten wird in Salzburg neben Kaffee und Tee auch ausgefallenes, auf afrikanisch gestyltes Essen wie Fleischlaibchen vom Strauß. Die Gäste sitzen in Designermöbeln made in South Africa, sind von afrikanischer Ethno-Kunst umgeben und können sich auch einkleiden – im African Style versteht sich.

Das *Afro Café* wurde rasch als bunter Klecks in der bisweilen als etwas grau empfundenen Altstadt bekannt und auch geschätzt. Das kann aber nicht darüber hinwegtäuschen, dass es hier die gleichen Startschwierigkeiten gab und nach wie vor gibt wie bei *Carpe Diem*. Daher erscheint der Vergleich mit den *Hard Rock Cafes*, wie ihn das Wirtschaftsmagazin *trend* wagte, doch etwas überzogen. Aus der Red-Bull-Zentrale gab und gibt es dazu – wenig überraschend – keinen Kommentar. Mateschitz scheint jedenfalls viel Geduld zu haben. Denn bis Ende 2010 leistete das Unternehmen außer dem Betrieb des einen Cafés in der Stadt Salzburg nichts, was nach außen wirkte.

Teil III: Das Vermögen des Bullen

15. Der Selfmade-Milliardär

Als Dietrich Mateschitz 1985 seinen Job beim *Unilever*-Konzern kündigte, um Red Bull aufzubauen, ging er damit ein enormes wirtschaftliches Risiko ein. Heute ist der Oberbulle einer von drei Österreichern auf der Liste „The World's Billionaires", die das US-Wirtschaftsmagazin *Forbes* jährlich veröffentlicht. Sein Name tauchte zum ersten Mal im Jahr 2003 in diesem Ranking der 500 reichsten Menschen der Welt auf. Der Red-Bull-Gründer ist einer von 450 Milliardären, die ihren Reichtum in erster Linie sich selbst zu verdanken haben. *Forbes* schätzte sein Vermögen im Jahr 2007 auf 3 Milliarden Dollar, was gegenüber dem Jahr zuvor den sagenhaften Zuwachs von 600 Millionen Dollar (!) bedeutet. Auf der Liste rückte er damit von Platz 317 im Jahr 2006 auf Rang 287 vor. 2010 lag Mateschitz mit 4,1 Milliarden Dollar bereits auf Platz 208. Ein reicherer Österreicher ist nur noch *Billa*-Gründer Karl Wlaschek (4,4 Milliarden Dollar, Platz 189). Kaufhaus-Erbin Heidi Horten (3,1 Milliarden Dollar, Platz 307), die lange Zeit vor dem Red-Bull-Gründer lag, hat dieser mittlerweile deutlich überholt.

Entgegen vielen Meldungen ist Mateschitz also weder der erste Österreicher, der es auf die *Forbes*-Liste geschafft hat, noch ist er der reichste Österreicher. Er ist aber deutlich auf dem Weg nach oben: 2003 begann er seine *Forbes*-Karriere mit einem geschätzten Vermögen von „nur" 1,4 Milliarden Dollar auf Platz 406. Die Zeitschrift *BusinessF1* greift bei ihrer Schätzung noch höher und geht davon aus, dass Mateschitz bereits Ende 2006 ein Vermögen von 5,5 Milliarden Dollar sein Eigen nennen konnte. Noch höher wird die Summe, wenn man den Wert der Marke Red Bull einrechnet. Den schätzte das European Brand Institute im Jahr 2010 auf 15 Milliarden Dollar! Damit war Red Bull wenig überraschend die wertvollste Marke Österreichs vor *Swarovski* (4,3 Milliarden) und *Raiffeisen* (3,8 Milliarden). Auch in diesem Bereich zeigt ein Vergleich, wie rasant sich Red Bull noch immer entwickelt: 2006 wurde der Wert der Marke auf „nur" 12,5 Milliarden Dollar geschätzt. 2011 dürfte es einen weiteren Sprung nach oben geben, schließlich war der Wert für 2010 erhoben worden, bevor der WM-Titel in der Formel 1 feststand.

Generell muss an dieser Stelle angemerkt werden, dass es schwierig ist, ein Vermögen wie jenes von Dietrich Mateschitz zu bewerten. Seine Unternehmen notieren an keiner Börse, sodass es keinen objektiven Wert zu einem bestimmten Stichtag gibt. Es existieren zwar ausgefeilte Methoden zur Bewertung von Anteilen, der tatsächliche Wert hängt jedoch von vielen Umständen ab, die kaum zu berechnen sind: Soll eine Gesellschaft ganz oder teilweise verkauft werden? Wenn ja, handelt es sich um einen Notverkauf oder geht es darum, strategische Partner ins Boot zu holen? Wie groß ist der Kreis potenzieller Interessenten? Die internationalen Börsen zeigen es beinahe täglich: Verkaufsdruck kann den Aktienkurs, also den Wert des Unternehmens, ins Bodenlose prügeln, während geplante feindliche Übernahmen die Kurse steigen lassen. Dieselben Mechanismen gelten auch für Unternehmen, die nicht an der Börse notieren.

Zurück zu Red Bull: Seinen Reichtum hat Mateschitz erreicht, obwohl oder vielleicht gerade weil er mit manchen betriebswirtschaftlichen Grundregeln auf Kriegsfuß steht. Wenn ihm jemand erklärt, das oberste Ziel eines Unternehmens sei es, den Gewinn zu maximieren, dann erklärt er das schlichtweg für falsch. Mateschitz ist zwar gelernter Verkäufer, denkt aber längerfristig und großräumig. Für ihn sind die Qualität des Produkts und die Motivation der Mitarbeiter als Unternehmensziele genauso wichtig wie der kurzfristige Umsatzzuwachs, obwohl sie in keiner Bilanz aufscheinen. „Ich glaube halt nicht alles, was ich an der Wirtschaftsuni gelernt habe“, sagte der Oberbulle wiederholt.

Zudem wird Mateschitz nicht müde zu betonen, Geld sei für ihn nie die Hauptmotivation für die Gründung eines eigenen Unternehmens gewesen. Die Triebfedern seien vielmehr die Sehnsucht nach Freiheit und Unabhängigkeit sowie die Freude an der Arbeit, an der Realisierung von Projekten gewesen. Ein Motto lautet: Der Weg ist das Ziel. „Ich gehe nicht auf einen Gipfel, um oben zu stehen, sondern um hinaufzugehen. Oben ist ja das Ende.“

Sein mittlerweile gigantisches Vermögen hält Mateschitz natürlich nicht persönlich in Händen und schon gar nicht in Form von Bargeld. Es teilt sich auf zahlreiche Gesellschaften auf, die wiederum ihre Tochterunternehmen kontrollieren. Ein Teil des umfangreichen Imperiums ist dem Bereich von Red Bull zuzurechnen, hier verfügen also die thailändischen Partner über ein Mitspracherecht. Ein zweiter, immer größer werdender Bereich ist aber von Red Bull losgelöst und untersteht damit ausschließlich der Kontrolle von Dietrich Mateschitz. In der weiteren Folge wird dieser Bereich „private Investments“ genannt.

Eine klare Trennung zwischen den Red-Bull-Investments und den persönlichen Projekten von Dietrich Mateschitz, die es nach dem Gesellschaftsrecht gibt, ist in der Realität nur schwer möglich. Der *Bull Verlag* etwa gehörte lange Zeit zu 80 Prozent Dietrich Mateschitz persönlich. Das Unternehmen gab neben dem *Seitenblicke Magazin* bis Ende 2006 auch die *Red Bulletins* heraus, die zu diesem Zeitpunkt in direktem Zusammenhang mit den Formel-1-Teams von Red Bull standen. Anderes Beispiel: Zu den diversen Gastronomie-Projekten wurde Mateschitz einmal gefragt, ob diese eher als Hobby oder als Marketing-Instrumente für Red Bull zu sehen seien. Die vielsagende Antwort lautete: „Es ist von allem etwas." Die beiden folgenden Kapitel zeigen im Detail, wie das wirtschaftliche Imperium des Dietrich Mateschitz aufgebaut ist.

16. Der Red-Bull-Konzern

Die *Red Bull GmbH* hält direkt oder indirekt Anteile an folgenden Gesellschaften:

- 100 % *Red Bull Hangar-7 GmbH*
- 100 % *The Flying Bulls GmbH*
- 100 % *Red Bull Air Race GmbH*
- 100 % *Red Bull Racing Ltd.*
- 100 % *Red Bull Technology Ltd.*
- 100 % *STR (Scuderia Toro Rosso) Beteiligungs GmbH*
- 100 % *Salzburg Sport GmbH*
- 100 % *Red Bull New York Inc.*
- 100 % *RB Leipzig*
- 100 % *Red Bull do Brasil Ltda.*
- 100 % *Red Bull Media House GmbH*
- 100 % *Red Bull Creative GmbH*
- 100 % *Red Bull Service GmbH*
- 100 % *Afro Coffee GmbH*
- 50 % *Berger Logistik GmbH*

Dazu kommen noch rund 50 Tochterunternehmen, die den Verkauf in 161 Ländern organisieren.

Red Bull GmbH

Die *Red Bull GmbH* ist der eigentliche Kern des Dosen-Imperiums. Laut Gewerberegister trägt das Unternehmen seinen Namen seit 1996, zuvor hieß es *Red Bull Trading GmbH*. Die Gesellschaft gehört zu 49 Prozent Dietrich Mateschitz, 51 Prozent hält die thailändische Unternehmerfamilie Yoovidhya. Die Gesellschafter haben insgesamt nur die Mindesteinlage von 35.000 Euro hinterlegt. Als Geschäftszweig ist die „Verwertung der Marke Red Bull" eingetragen. Die *Red Bull GmbH* ist die Muttergesellschaft der *Corporate Projects* wie Formel 1, Fußball, Eishockey, Air Race und Dutzender Vertriebsgesellschaften in allen Teilen der Erde. Seit 2006 gibt es zur Unterstützung der Aktivität eine eigene *Red Bull Service GmbH*. Mittlerweile werden mehr als 90 Prozent des Umsatzes außerhalb von Österreich erzielt. Beim Gewinn vor Steuern (EGT – Ergebnis der gewöhnlichen Geschäftstätigkeit) ist das Verhältnis genau umgekehrt. Hier entfallen gut 90 Prozent auf Österreich. Zum einen hängt das damit zusammen, dass die Produktion in Österreich stattfindet und hierzulande auch die Markenrechte liegen. Zum anderen lassen es die Verrechnungsregeln der OECD nicht zu, dass größere Teile des Gewinns eines Konzerns reinen Vertriebstöchtern zugewiesen werden. Dadurch soll verhindert werden, dass der Profit in dubiose Steuerparadiese verschoben wird.

Die *Red Bull GmbH* zahlt mittlerweile in Österreich jährlich einen hohen zweistelligen Millionenbetrag an Steuern. Gleichzeitig kassiert das Unternehmen Exportförderung aus dem Agrarbereich, weil durch das Energiegetränk Zucker veredelt wird. Red Bull ist nicht der einzige Konzern, der für die heimische Exportförderung als Agrarunternehmen gilt: Auch die Fruchtsaft-Erzeuger *Spitz* und *Rauch* werden auf diese Art unterstützt.

Ein Drittel des Umsatzes, der 2010 bei knapp 3,8 Milliarden Euro lag, gibt die *Red Bull GmbH* unter der Rubrik „sonstige betriebliche Aufwendungen“ wieder aus. Hinter diesem schwammigen Begriff steckt das Marketing-Budget, das mittlerweile bei 1,25 Milliarden Euro liegt. Zum Vergleich: Andere Unternehmen, die ebenfalls offensiv den Markt bearbeiten, haben für ihr Marketing nur 10 bis 15 Prozent des Umsatzes angesetzt. Experten sehen in den gigantischen Werbeausgaben den Hauptgrund, warum Red Bull seine mittlerweile mehr als 140 Nachahmer allesamt überlebt hat. Ein weiterer Grund ist, dass der weltweite Marktführer gegen unliebsame Konkurrenten/Kopien auch juristisch erfolgreich zu Felde zog. Es kommt nicht von irgendwo, dass im Board of Directors ein Mitglied ausschließlich für Rechtsfragen zuständig ist.

Ihren Sitz hat die *Red Bull GmbH* seit 1996 in Fuschl am See. Damals übersiedelte Mateschitz sein aufstrebendes Unternehmen aus der Stadt Salzburg an den malerischen See im Salzkammergut. Es sei darum gegangen, ein angenehmeres Arbeitsklima zu schaffen, erinnert sich ein ehemaliger Mitarbeiter an diese Zeit. Der Ort hatte den Oberbullen schon seit Langem fasziniert. Während seiner Zeit als *Unilever*-Manager kam er regelmäßig hierher, um zu entspannen und zu surfen. „Der Platz dürfte auf ihn eine magische Wirkung haben“, vermutet ein Ex-Red-Bull-Angestellter. Anfang der Neunzigerjahre bot sich dann die Gelegenheit, ein Betriebsgebäude zu übernehmen. An dieses Haus, das heute die Adresse Am Brunnen 1 trägt, ließ Mateschitz eine futuristische Doppelpyramide anbauen, die am Rande eines künstlichen Teiches liegt. Beim Bau wurden weder Kosten noch Mühen gescheut. Die Steine für die Gartengestaltung wurden etwa extra aus China eingeschifft. In den Jahren 2006 und 2007 wurde die Zentrale, die für einen weltweit tätigen Konzern erstaunlich klein war, großzügig ausgebaut. Vorher mussten jedoch einige benachbarte Einfamilienhäuser gekauft und abgerissen werden. Die Erweiterung fand auf mehreren Ebenen statt – insgesamt wurden 90.000 Kubikmeter Raum geschaffen, darunter eine Tiefgarage mit einer Grundfläche von 6000 Quadratmetern.

Für die Gemeinde Fuschl am See ist Red Bull eine wichtige Einnahmequelle, schließlich fällt für jeden Mitarbeiter Kommunalsteuer an. Aus dem Gemeindeamt heißt es, Red Bull schaffe zwar mit seinen zahlreichen Bauvorhaben viel Arbeit, es gebe aber so gut wie nie Probleme. Laut einer Studie der *Kommunalkreditbank* war Fuschl am See dank Red Bull im Jahr 2007 die drittreichste Gemeinde Österreichs.

Dennoch gibt es aus der Bevölkerung immer wieder Kritik. Manchen Fuschlern werden Mateschitz und sein Unternehmen zunehmend unheimlicher. In einigen Jahren werde der Ort nur mehr aus Red Bull bestehen, hört man. Immer wieder machen Gerüchte die Runde, die teilweise abenteuerlich bis abstrus sind. Die Rede war von geplanten Vorhaben wie einer Seilbahn, einer Extrem-Mountainbike-Strecke oder eines Red-Bull-Strandbades. Zudem hieß es, Mateschitz möchte aus Fuschl einen Nobel-Ferienort machen und ein Netz von unterirdischen Gängen anlegen, um sich ungesehen bewegen zu können. Dabei würde es sich nur um Gerede handeln, hinter dem kein Funken Wahrheit stecke, heißt es aus dem Gemeindeamt von Fuschl. Tatsächlich umgesetzt wurde hingegen ein Fernwärme-Projekt – an der Betreibergesellschaft hält Mateschitz als Privatperson die Mehrheit.

Offene Konflikte zwischen Red Bull und den Fuschlern gab es bislang noch nicht. Touristiker betonen, der Energydrink-Konzern bringe der Region Tausende Nächtigungen pro Jahr. „Die Gemeinde und der Großteil der Bevölkerung sind sehr froh, dass wir den Betrieb im Ort haben. Wir stehen zu Red Bull", sagt der Bürgermeister. „Wenn wir die Steuereinnahmen von Red Bull nicht hätten, könnten wir uns nicht einmal die wichtigsten Pflichtausgaben leisten, Fuschl wäre dann eine arme Gemeinde."

Hangar 7

Der *Hangar 7* ist so wie die Red-Bull-Zentrale in Fuschl am See ein zu Glas und Stahl gewordener Ausdruck der Lebenshaltung des Dietrich Mateschitz. Der gebürtige Steirer hat nicht nur einen Hang zu Bluejeans, Dreitagebart und gutem Essen, sondern auch zu moderner Architektur. Der *Hangar 7* und der benachbarte, weniger bekannte *Hangar 8* sind weit mehr als überdachte Abstellplätze für Flugzeuge. Die beiden futuristischen Hallen sind de facto der zweite Unternehmenssitz des Red-Bull-Imperiums und gleichzeitig attraktiver Veranstaltungsort, der es Mateschitz ermöglicht, seine verschiedenen Geschäftszweige zu inszenieren. Hier wurde etwa Formel-1-Weltmeister Sebastian Vettel nach seinem Titelgewinn den deutschsprachigen Medien präsentiert. Und sie sind mittlerweile moderne Wahrzeichen der Stadt Salzburg. Der *Hangar 7* ist 100 Meter lang, 67 Meter breit und 14,5 Meter hoch, die freie Spannweite beträgt unglaubliche 95 Meter: ein gigantischer, futuristischer Koloss aus 7000 Quadratmeter Glas und 1200 Tonnen Stahl.

Die Planungsphase für die beiden Red-Bull-Hangars auf dem Gelände des *Salzburg Airport* begann im Herbst 1999 und dauerte knapp eineinhalb Jahre. Eine kurze Zeitspanne im Vergleich zu anderen Großprojekten in Salzburg. Noch dazu handelte es sich um ein einigermaßen sensibles Vorhaben: Schließlich ging es um nichts anderes als um die Erweiterung des Flughafens, der inmitten des Stadtgebiets liegt. Dennoch gab es keine größeren Widerstände der Behörden. Ein Schelm ist nun, wer denkt, das hätte etwas mit der Tatsache zu tun, dass Dietrich Mateschitz bereits um die Jahrtausendwende einer der erfolgreichsten heimischen Unternehmer war. Eröffnet wurde der *Hangar 7* im Sommer 2003 mit einer großen Flugshow im Rahmen der Salzburger Festspiele, bei der ein „Helikopter-Streichquartett" und ein „Flugzeug-Theater" aufgeführt wurden. Die Kritik der Kulturschickeria an dieser monumentalen Selbstinszenierung des Dosen-Imperiums war groß. Es gab in weiterer Folge keine gemeinsamen Auftritte mehr von Festspielen und Red Bull.

Die Eröffnung des *Hangar 7* war einer der wenigen Anlässe, bei denen die stillen thailändischen Mehrheitseigentümer von Red Bull in Österreich anzutreffen waren. Allerdings wurde ihre Anwesenheit von den Medien nicht zur Kenntnis genommen. Diese stürzten sich auf die zahlreichen Promis wie Naomi Campbell und Albert von Monaco, der damals noch Prinz war. Das Eröffnungsfest war gleichzeitig eine Charity-Veranstaltung. Den Reingewinn von 1,5 Millionen Euro spendete Mateschitz zu gleichen Teilen der *Paracelsus Medizinischen Privatuniversität Salzburg*, der Lungenstation des Landeskrankenhauses Salzburg und der *Königin-Silvia-Mentor-Stiftung*. Österreich-Geschäftsführer der Stiftung der schwedischen Monarchin ist „zufällig" Rudolf Theierl, seines Zeichens einer der engsten Mitarbeiter von Dietrich Mateschitz. In Österreich betreibt die Stiftung ein Programm zur Persönlichkeitsentwicklung und Gesundheitsförderung von Kindern.

Der *Hangar 7* ist eine außergewöhnliche Erlebniswelt, eine Event-Location von Weltformat, die sich mittlerweile in jedem Salzburg-Reiseführer findet und nicht mehr aus dem Red-Bull-Konzern und Salzburg wegzudenken ist. Hier finden die trendigsten Präsentationen und tollsten Partys statt. Hier halten große Unternehmen Pressekonferenzen ab. Hier drehte der deutsche Fernsehsender *Pro7* seine Werbetrenner und ließ dazu Stars wie Stefan Raab und Oliver Kalkofe aufmarschieren. Hier ließ Heidi Klum für eine Model-Casting-Show die Kandidatinnen fotografieren, die Küchenchef Roland Trettl zuvor mit Lebensmitteln drapiert hatte. Hier gibt es regelmäßig Ausstellungen: von Kunst in Form von japanischer Papierfalttechnik bis hin zu einer Schau über Raumfahrt. Darüber hinaus locken die Sammlung von Oldtimer-Flugzeugen und die ausgestellten Rennwagen jährlich Zehntausende Besucher an.

Den Gästen wird auch gastronomisch einiges geboten. Der kulinarische Bereich besteht aus der Lounge *Carpe Diem*, der *Mayday Bar*, der *Threesixty Bar*, die unter dem Kuppeldach schwebt und einen 360-Grad-Rundblick bietet, und dem gastronomischen Flaggschiff, dem Restaurant *Ikarus*. Für dieses entwickelte „Jahrhundertkoch“ Eckart Witzigmann als Patron ein völlig neuartiges gastronomisches Konzept: Aufbauend auf eine Küchenbrigade mit Starkoch Roland Trettl an der Spitze werden im Monatsrhythmus Kochgrößen aus aller Welt eingeladen, die mit drei speziellen Menüs ihr Land, ihr Restaurant und sich selbst präsentieren.

Sein gastronomisches Vorzeigeprojekt lässt sich Red Bull einiges kosten. Allein die Jahresgagen von Witzigmann und Trettl betragen kolportierte 180.000 bzw. 175.000 Euro. Mateschitz mache keinen Unterschied, ob er einen Fußballstar, Eishockey-Profi oder Koch beschäftige, schreiben Peter Gnaiger und Wolfgang Hoffmann im Gastro-Buch *In die Suppe gespuckt*: „Da gibt es Arbeitsverträge und für gute Leute auch viel Geld.“ Dieses ist gut angelegt: Der *Falstaff Restaurantguide* verlieh im Frühjahr 2011 dem *Ikarus* und Roland Trettl 100 von 100 möglichen Punkten, womit der Red-Bull-Gourmettempel ex aequo mit dem *Steirereck* von Heinz Reitbauer in Wien das beste Restaurant in Österreich ist. Über die Höhepunkte des kulinarischen und künstlerischen Programms im *Hangar 7* informiert ein eigenes Journal, das in Salzburg auch einzelnen Tageszeitungen beigelegt wird.

The Flying Bulls

Eine große Leidenschaft des Dietrich Mateschitz ist das Fliegen und sind Flugzeuge, die er sammelt wie andere Briefmarken oder Modelleisenbahnen. Vor allem historische Flieger haben es dem Oberbullen angetan. In den beiden Privathangars, die Red Bull auf dem Gelände des *Salzburg Airport W.A. Mozart* errichtete, finden sich exquisite Oldtimer: etwa eine zur Gänze verchromte *B 25J Mitchell*, ein amerikanischer Bomber aus dem Zweiten Weltkrieg, die ehemalige Staatsmaschine des jugoslawischen Staatschefs Marschall Tito, eine *DC 6B*, die eigens aus Südafrika importiert wurde, oder ein amerikanischer *Corsair*-Jäger, der zur Zeit des Zweiten Weltkrieges auf Flugzeugträgern stationiert war.

Darüber hinaus gehören zur Flotte von Red Bull auch vier moderne *Alpha-Jets*. Bei diesen handelt es sich um Jagdbomber, die speziell für Boden-Luft-Angriffe entwickelt wurden. Die Versionen von Red Bull sind selbstverständlich unbewaffnet. Weil aber trotzdem für die Maschinen in Österreich keine Zulassung erhältlich war, sind sie in Deutschland angemeldet. Zeitweise besaßen die *Flying Bulls* nur drei *Alpha-Jets*. Einer war im Oktober 2003 in Bayern abgestürzt. Dabei kamen der Pilot und sein Kopilot ums Leben. Es sollte nicht das einzige Unglück bleiben: Im Juli 2006 zerschellte bei einer Kunstflugvorführung ein Doppeldecker der *Flying Bulls* auf der Oberfläche des Wolfgangsees. Der Pilot überlebte wie durch ein Wunder schwer verletzt. Diese Unfälle werden in der offiziellen Chronik der *Flying Bulls* übrigens mit keinem Wort erwähnt. Negatives passt einfach nicht in das Konzept von Red Bull.

Weiters verfügen die fliegenden Bullen über einen demilitarisierten Kampfhubschrauber *Bell AH-1 Cobra* und weitere moderne Flächenflugzeuge und Helikopter. Insgesamt besitzt Red Bull 13 Flugzeuge und vier Hubschrauber, die mehrheitlich in Deutschland und den USA zugelassen sind. Geflogen werden die Maschinen von 15 absoluten Top-Piloten. Mit Rainer Wilke haben die *Flying Bulls* etwa einen von weltweit nur vier ausgebildeten Hubschrauber-Kunstpiloten in ihren Diensten.

Chefpilot ist der ehemalige Linienpilot Sigi Angerer. Der Tiroler legte in den Achtzigerjahren den Grundstein für die heutige Sammlung. Für die *Tyrolean Airways* flog Angerer zwar moderne Passagiermaschinen, sein Herz gehörte aber historischen Flugzeugen. In den USA erwarb er eine noch flugfähige *North American T-28B Trojan,* die in den Fünfziger- und Sechzigerjahren als Traningsflugzeug der US Navy im Einsatz war. Auf recht abenteuerlichem Weg brachte er die Maschine nach Innsbruck, wo er sie restaurieren ließ. Bald wurde Angerer mit seinem „Warbird" zu Flugshows eingeladen. Als zweites Flugzeug erstand Angerer von einem hochbetagten amerikanischen Millionär die *Chance Vought F4U-4 Corsair*. Anfang der Neunzigerjahre gewann er dann Red Bull als Sponsor für seine Flugzeuge. Die *Flying Bulls* waren geboren, trugen allerdings noch nicht ihren Namen. Heimatflughafen der Truppe von Flugzeug-Enthusiasten war Innsbruck. Als Ende der Neunziger der Platz dort zu eng wurde, entstand das Projekt der beiden Red-Bull-Hangars auf dem Gelände des *Salzburg Airport*, die 2003 bezogen werden konnten.

Als Unternehmen sind die *Flying Bulls* 1999 aus der ehemaligen *Red Bull Airshow GmbH* hervorgegangen. Das Unternehmen saß ursprünglich in Wiener Neustadt, wo es einen großen Flugplatz gibt. Geschäftsführer war von 1996 bis 2000 der Bundesheer-General Erich Wolf. Dieser stieg in weiterer Folge zum Kommandanten der Luftstreitkräfte auf, später wurde er als *Airchief* Leiter des Fachbereichs Militärluftfahrt im Ministerium. Wolf war auch für die Einführung einer neuen Generation von Abfangjägern verantwortlich. Die Wahl fiel letztlich auf den Typ *Eurofighter Typhoon* des Rüstungskonzern *EADS*. Die Anschaffung war so umstritten, dass 2006 ein parlamentarischer Untersuchungsausschuss eingesetzt wurde. Dieser sollte prüfen, wie es zur Entscheidung kam und ob Schmiergelder geflossen waren.

2007 geriet *Airchief* Wolf unter Druck, als im Eurofighter-Ausschuss bekannt wurde, dass die Werbefirma seiner Frau Geld von einem *EADS*-Lobbyisten erhalten hatte. Wolf wurde suspendiert. Sehr zum Ärger von Red Bull thematisierten einige Medien auch seine Kontakte zum Energydrink-Konzern. Das Unternehmen teilte daraufhin mit, Wolfs einzige Tätigkeit im Zusammenhang mit der *Red Bull Airshow GmbH* sei die Organisation einer Airshow im Jahr 1997 gewesen. Nicht erwähnt wurde, dass Wolf selbst jene Urkunde unterzeichnet hatte, mit der eine mehrjährige Partnerschaft zwischen Red Bull und Bundesheer besiegelt wurde.

Zurück zu den *Flying Bulls*: Mit ihnen erfüllte sich Mateschitz nicht nur den Traum von einer eigenen, gar nicht mehr so kleinen Flugzeugflotte, er schuf sich auch einen symbolträchtigen Werbeträger. Offiziell sind die *Flying Bulls* eine „Crew von Flugzeug-Enthusiasten, die mit Hingabe und Know-how seltene, alte Flugzeuge ausfindig macht, sie restauriert und ihnen wieder Flügel verleiht". Mateschitz wehrt sich dagegen, wenn seine Sammlung als „Flugzeugmuseum" bezeichnet wird. Ein Museum sei etwas totes, seine Flugzeuge würden aber leben, erklärt er stets.

Aktiv ist das Luftfahrt-Unternehmen des Red-Bull-Konzerns auch als Sponsor. Unterstützt werden sowohl Staffeln als auch Einzelpiloten. Die Viererformation *The Red Bulls* ist in Italien beheimatet und dort die einzige zivile Kunstflugstaffel. Das *Flying Bulls Aerobatics Team* kommt aus Tschechien. Aus Ungarn stammt der dreifache Kunstflug-Weltmeister Péter Besenyei, der im Jahr 2003 das Air Race erfand. Weiterer Partner des Energydrink-Konzerns ist Kunstflug-Europameister Hannes Arch aus Österreich. Er machte Schlagzeilen, als er 2006 bei einer Flugshow in Salzburg unter einem Fußgängersteg durchflog. Für dieses spektakuläre Kunststück brummte ihm der Magistrat der Mozartstadt eine Geldstrafe von 5000 Euro auf. Die Maschinen der gesponserten Piloten sind im auffälligen Red-Bull-Design gestaltet und lassen so die Flotte der fliegenden Bullen größer aussehen, als sie tatsächlich ist.

Anfang 2011 wurde bekannt, dass den *Flying Bulls* ihr Stützpunkt in Salzburg zu klein geworden war: In der Steiermark verdichteten sich Gerüchte, wonach Mateschitz ein Kaufangebot für jenen Teil des Militär-Flughafens von Zeltweg gelegt hatte, der vom Bundesheer nicht mehr benötigt wurde. Hierher sollte ein Teil der Luftfahrt-Aktivität des Energydrink-Konzerns verlegt werden, teilte ein Bundesheer-Insider der Tageszeitung *ÖSTERREICH* mit. Nähere Details waren bei Drucklegung dieses Buchs noch nicht bekannt.

Kenner des Red-Bull-Konzerns gehen jedoch davon aus, dass Mateschitz seine Luftfahrt-Aktivität in Salzburg keineswegs zurückzuschrauben gedenkt. Schließlich ist im *Hangar 8* die Werft der *Flying Bulls* untergebracht, die regelmäßig angeflogen werden muss. Allerdings sollen offenbar jene Maschinen, die oft in der Luft sind, in die Steiermark verlegt werden, wo es bei einer von *Draken-* und *Eurofighter* geprüften Bevölkerung nur wenige Anrainer-Proteste gegen die lauten Oldtimer der Lüfte gibt. Auch die Kunstflug-Aktivität des Konzerns könnte in der Steiermark konzentriert werden.

Red Bull Air Race

Die Air Races sind die spektakulärsten und breitenwirksamsten Veranstaltungen, die Red Bull organisiert. Am besten kann man das Konzept als Formel-1-Lauf für Flugzeuge umschreiben: Kunstflug-Piloten jagen in einem Höllentempo, teilweise im extremen Tiefflug einen Slalom-Parcours entlang. Dabei kommt es nicht nur auf die Geschwindigkeit, sondern auch auf die Präzision an. Piloten und Maschinen werden bei den halsbrecherischen Manövern bis aufs Äußerste gefordert: Die Belastungen entsprechen teilweise der zehnfachen, kurzfristig sogar der zwölffachen (!) Erdanziehungskraft. Nur wenige handverlesene Piloten werden zugelassen. Sie starteten anfangs für sieben Teams, von denen eines Red Bull stellte, später war nur mehr von Teampartnern – sprich: Sponsoren – die Rede. Der großen Klasse der Akteure ist es auch zu verdanken, dass es bei den Air Races noch zu keinem schweren Unfall gekommen ist.

Das erste Air Race fand 2003 in Zeltweg bei den Flugtagen *AirPower* statt. Ab 2005 gab es eine eigene World Series, die von zahlreichen Fernsehgesellschaften weltweit übertragen wurde. Auf ihrem Höhepunkt hatte die

Serie ein Dutzend Austragungsorte. Geflogen wurde unter anderem in Abu Dhabi, Rio de Janeiro, Istanbul, Budapest, im Monument Valley (USA), in Acapulco, San Diego – und zwar nicht über unbewohntem Gebiet, sondern mitten in den Häfen und Stadtzentren. Die attraktiven Kulissen waren natürlich nicht zufällig gewählt, sondern sollten Zuschauer und Medien anlocken. Das Konzept ging auch voll auf: Der Schnitt lag bei 250.000 Zuschauern.

Obwohl die Vermarktungsrechte zu 100 Prozent bei Red Bull lagen, gab es Partnerunternehmen. Es waren dies unter anderem der Schweizer Uhrenhersteller *Breitling*, der vor allem für seine Fliegeruhren bekannt ist und bei den World Series auch ein Team stellte, die Tourismusgesellschaft von Abu Dhabi, und – wieder einmal – der *Volkswagen*-Konzern, der sich anfangs über seine Marken *Audi* und *Seat* als Sponsor beteiligte und zuletzt als „Global Partner" eine Sonderrolle innehatte.

Allerdings ist auch für Red Bull und seine Partner nicht alles möglich. Bei steigendem Aufwand für Sicherheit und Problemen mit Austragungsorten wurde die Saison 2010 nach sechs von acht geplanten Rennen vorzeitig beendet: „Es gibt einen Bedarf, die Organisation und einige kommerzielle Kernelemente umzustrukturieren, um das volle Potenzial dieser Sportart auszuschöpfen. Das beinhaltet auch die Entwicklung und das Festigen von Beziehungen zu Austragungsorten, um einen langfristigen Rennkalender zu sichern", gab die Organisation des Red Bull Air Races in einer Aussendung knapp bekannt. Offiziell soll es 2011 eine einjährige Pause geben, 2012 soll die Rennserie dann verbessert neu durchstarten. Es mehren sich aber die Gerüchte, wonach das vorübergehende Aus ein endgültiges sein könnte. Die Medien nahmen die Absage der Saison von 2011 im Wesentlichen kommentarlos zur Kenntnis, es gab so gut wie keine

Spekulationen über die Zukunft. Schaute man Anfang 2011 auf die Homepage der Air Races, dann entstand auf den ersten Blick der Eindruck, als hätte es keine Absage gegeben und alles würde seinen normalen Gang gehen.

Red Bull Racing, Red Bull Technology, Scuderia Toro Rosso

Ende 2004 übernahm Red Bull das Team *Jaguar Racing* und benannte es in *Red Bull Racing Team* um. Die *Scuderia Toro Rosso* entstand 2006 aus der Übernahme des Rennstalls *Minardi* und erfüllt für Red Bull die Funktion einer Nachwuchsschmiede. Offiziell gehört die *Scuderia Toro Rosso S.p.A* einer *STR Beteiligungs GmbH* mit Sitz in Fuschl am See. Hinter dieser standen bis Ende 2008 zu je 50 Prozent die *Red Bull GmbH* und die *Berger Motorsport AG* des ehemaligen Formel-1-Piloten Gerhard Berger. Im Gegenzug stieg die *Red Bull GmbH* zu 50 Prozent in die *Berger Logistik GmbH* ein. Diese wechselseitige Übereignung von Anteilen wirbelte in Österreich einigen Staub auf und rief schließlich im Sommer 2006 sogar das Kartellgericht auf den Plan. Der Vorwurf: Berger und Red Bull hätten den Zusammenschluss verspätet gemeldet. Das Verfahren wurde schließlich ergebnislos eingestellt. Für die technische Entwicklung wurde mit *Red Bull Technology* ein eigenes Unternehmen gegründet. 2010 holte Sebastian Vettel den WM-Titel für *Red Bull Racing* – das Team gewann auch die Konstrukteurs-WM. Bei der *Scuderia Toro Rosso* stieg Gerhard Berger Ende 2008 aus. Mateschitz hatte zuvor angekündigt, das Team verkaufen zu wollen, was er aber bis Ende 2010 nicht getan hat. Im Zusammenhang mit der Fomel-1-Aktivität stehen auch die Versuche, auf dem ehemaligen Österreich-Ring in Spielberg ein Renn- und Trainingszentrum einzurichten.

Salzburg Sport GmbH, Red Bull New York, RB Leizpig und Red Bull Brasil

Die *Salzburg Sport GmbH* ist die österreichische Betreibergesellschaft der Vereinssportarten. Das Unternehmen ist in der *Red Bull Arena* in Salzburg angesiedelt. Gegründet wurde die Gesellschaft im Jahr 2000, als Red Bull beim Eishockeyklub *EC Salzburg* einstieg. 2005 übernahm Red Bull über seine *Salzburg Sport GmbH* den traditionsreichen Fußballklub *Austria Salzburg*. Seit 2006 ist Red Bull auch in der US-amerikanischen Profi-Fußballliga Major League Soccer (MLS) aktiv. Der Konzern aus Salzburg kaufte die *New York/New Jersey Metro Stars*, die 1996 zu den Gründungsmitgliedern der Liga gehörten. 2007 gründete Red Bull im brasilianischen Bundesstaat São Paulo den Verein *Red Bull Brasil*, der Ende 2010 in der zweithöchsten Klasse des Bundesstaats spielte. 2009 erfolgte der lange geplante Einstieg in den deutschen Fußball: Der Verein muss aber wegen der strengen Regeln des Deutschen Fußballverbandes offiziell *Rasen Ball Leipzig* heißen und spielte Ende 2010 in der vierthöchsten deutschen Liga.

Red Bull Media House

Im Spätherbst 2006 übernahm Red Bull von der Wirtschaftskammer Salzburg, dem *Raiffeisenverband Salzburg* und dem *Bankhaus Carl Spängler* 95 Prozent des kleinen, regionalen Fernsehsenders *Salzburg TV*. Der Einstieg bei *Salzburg TV* wurde allgemein als Schritt auf dem Weg in Richtung Red-Bull-TV gesehen. Im Sommer 2007 wurde als Dachgesellschaft aller Medienaktivität des Energydrink-Konzerns die *Red Bull Media House GmbH* gegründet. Diese ist wiederum Eigentümer des Handy-Fernsehsenders *Red Bull TV*, des Satellitensenders *Servus TV*, des österreichischen Verlags *Red Bulle-*

tin GmbH, der das *Red Bulletin*, das *Seitenblicke Magazin* und das Magazin *Servus in Stadt & Land* herausgibt, und des Verlags *Red Bulletin Schweiz AG*, in dem das Motorsport-Wochenmagazin *Speedweek* erscheint.

Red Bull Creative GmbH

Das Unternehmen wurde im Oktober 2006 gegründet. Laut Mateschitz handelt es sich „um eine firmeneigene Werbeagentur, die vor allem im nichtklassischen Bereich tätig sein wird." Als „Service Unit" (Zitat: Mateschitz) sei das Unternehmen zuständig für „Überwachung und Entwicklung von Brandings sowie das Herstellen von Printmaterial und Design", sagt Geschäftsführer Gerhard Bauer im *Format* – er war zuvor in der Geschäftsführung des *Red Bulletin Verlags*. Ihr Büro haben die Red-Bull-Werber in der Salzburger Altstadt. Die klassische Werbung liegt weiterhin in den bewährten Händen der Agentur *Kastner & Partner*.

Afro Coffee

Die *Afro Coffee GmbH* hielt Dietrich Mateschitz anfangs gemeinsam mit seinem langjährigen Werbepartner Johann Kastner und dem bekannten südafrikanischen Männermodel Grant Rushmere. Ziel des Trios war es, *Afro Cafés* in den wichtigsten europäischen Metropolen zu etablieren. Im Mai 2007 wurde ein Flagship-Store in der Salzburger Altstadt eröffnet. In weiterer Folge wurde das private Mateschitz-Investment in den Red-Bull-Konzern integriert.

17. Private Investments

Als Privatperson und über seine Privatstiftung hält Dietrich Mateschitz Anteile an den folgenden Unternehmen:

- 100 % *Distribution & Marketing (D & M) GmbH*
- 100 % *Dietrich Mateschitz Beteiligungs GmbH*
- 100 % *D & M Beteiligungs GmbH*
- 100 % *B. Anteilsverwaltung GmbH*
- 100 % *Dietrich Mateschitz Verwaltungs KG*
- 100 % *Dietrich Mateschitz KG*
- 100 % *Carpe Diem GmbH & Co. KG*
- 100 % *Gastronomie Betriebs GmbH*
- 100 % *Hochreit Liegenschafts GmbH*
- 100 % *Flugplatz Völtendorf Betriebs GmbH*
- 75 % *Bull Bau GmbH*
- 70 % *Fuschler Nahwärme GmbH*

Privatstiftung und Beteiligungsgesellschaften

Dietrich Mateschitz ist zwar eigenen Angaben zufolge „überzeugter Österreicher", der nichts gegen Steuern hat, dennoch brachte er 2004 sein Vermögen in einer steuersparenden Privatstiftung unter. Solche Stiftungen sind juristisch gesehen Gesellschaften *sui generis*: Sie gehören ausschließlich sich selbst und wurden geschaffen, um große Vermögen zusammenzuhalten. Die Begünstigten erhalten Ausschüttungen, haben aber keinen Anspruch auf das eigentliche Vermögen. Daher gibt es auch keinen Tod eines Eigentümers und damit auch keine Vererbung und die damit verbundene Erbschaftsteuer. Ihren Sitz hat die Privatstiftung von Dietrich Mateschitz in der Stadt Salzburg im Haus einer großen Wirtschaftsprüfer-Kanzlei.

Seinen 49-Prozent-Anteil an der *Red Bull GmbH* hält Dietrich Mateschitz über die *Distribution & Marketing GmbH*. Die Abkürzung *D & M GmbH* ist nicht zufällig identisch mit den Initialen des Konzerngründers: In das Unternehmen fließt sein Gewinnanteil. 100-Prozent-Töchter der *D & M GmbH* sind die *Dietrich Mateschitz Beteiligungs GmbH*, die *D & M Beteiligungs GmbH* und die *B. Anteilsverwaltung GmbH*. Gemeinsame Töchter der *D & M GmbH* und der Privatstiftung sind die *Dietrich Mateschitz KG* und die *Dietrich Mateschitz Verwaltungs KG*.

Aufgabe der Kommanditgesellschaften ist offenbar, die private Aktivität abzuwickeln. Die *Dietrich Mateschitz KG* ist beispielsweise der offizielle Eigentümer von 600 Hektar Wald rund um die Red-Bull-Zentrale in Fuschl am See. Zum Besitz gehören mit dem Ellmaustein und dem Filbling auch zwei Berge. Seinen Wald, den er Ende der Neunzigerjahre um geschätzte 5,8 Millionen Euro von den Erben der Familie Sayn-Wittgenstein kaufte, lässt Mateschitz durch einen angestellten Förster und mehrere angestellte Waldarbeiter bewirtschaften. Nach Aussagen von heimischen Experten ist Mateschitz ein guter Waldbauer. In einem Teil seiner Wälder wurde unter den ehemaligen Eigentümern in der Vergangenheit zu viel geschlagen. Mittlerweile wird der Forst nachhaltig bewirtschaftet, und Mateschitz erhält dafür jährlich einige Tausend Euro Agrarsubvention der EU.

Sein Imperium kontrolliert er also über ein Geflecht von fünf Gesellschaften: Die *D & M GmbH*, die *Dietrich Mateschitz Beteiligungs GmbH*, die *D & M Beteiligungs GmbH*, die *Dietrich Mateschitz Verwaltungs KG* und die *Dietrich Mateschitz KG*. Alle Unternehmen haben ihren Sitz offiziell an derselben Adresse in Thalgau. Es handelt sich dabei um ein umgebautes, abgelegenes Bauernhaus.

Nichts weist darauf hin, dass dort die wirtschaftlichen Fäden des privaten Mateschitz-Imperiums zusammenlaufen. Daneben hält Mateschitz in geringem Maße auch persönlich Anteile. Um den Leser nicht unnötig zu verwirren, wird in weiterer Folge zwischen den verschiedenen Konstruktionen nicht weiter unterschieden. Es reicht an dieser Stelle, dass hinter allen der Red-Bull-Gründer steht.

Carpe Diem

1997 begann Dietrich Mateschitz mit seinem damaligen Tochterunternehmen *Stock Vital* eine zweite Dachmarke einzuführen: *Carpe Diem* (nutze den Tag). Vertrieben wurde anfangs das fermentierte Getränk *Kombucha*. Mittlerweile gibt es unter der Marke eine komplette Softdrink-Linie, die auf den Wellness-Kunden abzielt und mit asiatischer Gesundheitslehre aufgeladen ist. Dazu gibt es auch das passende Fastfood in *Cones*, die aussehen wie Eistüten.

Gastronomiebetriebs-Gesellschaft

Die *Gastronomie Betriebs GmbH* ist für den kulinarischen Bereich abgesehen von *Hangar 7* und der Marke *Carpe Diem* verantwortlich. Obwohl sie ein privates Unternehmen ist, hat sie ihren Sitz in Fuschl am See an der gleichen Adresse wie die *Red Bull GmbH.*

Das Unternehmen betreibt das *Winterstellgut*, einen kleinen, aber feinen Gasthof in der kleinen Salzburger Gemeinde Annaberg. Das Gut liegt auf einer Seehöhe von rund 1000 Metern auf einem Ausläufer des Dachstein-Massivs. Starkoch Jörg Wörther hat das bodenständige Bergwirtshaus mit vier Gästezimmern zu einem Gourmettempel mit gut sortiertem Weinkeller und edlen

Bränden umgestaltet und zu einem gastronomischen Leitbetrieb der Region gemacht. In der Werbung für das Haus wird übrigens mit keinem Wort der prominente Eigentümer erwähnt. Geschäftsführerin ist eine gute Bekannte von Dietrich Mateschitz, der man eine längere Affäre mit dem Red-Bull-Gründer nachsagt.

In der Nähe des *Winterstellguts* besitzt Mateschitz im Bereich des Riedlkars zudem 130 Hektar Grund. Das Gebiet, in dem es derzeit einige wenige Lifte gibt, sollte nach den Plänen örtlicher Politiker und Unternehmer zu einem mittelgroßen Skigebiet ausgebaut werden. Dazu wollte man den Red-Bull-Gründer als Gesellschafter des Seilbahn-Unternehmens mit ins Boot holen. Allerdings blieb es bislang bei den Wünschen.

Hochreit Liegenschafts-Gesellschaft

Neben den Anteilen an zahlreichen Unternehmen, die allesamt wenig greifbar und damit auch schwer zu bewerten sind, wurde Mateschitz in den vergangenen Jahren auch zum Großgrundbesitzer. Seine Immobilien lässt er über die eigene Liegenschafts-Gesellschaft verwalten. Diese ist nach dem Gut *Hochreit* in Maria Alm im Salzburger Pinzgau benannt. Auf dem ehemaligen Bauernhof ist nicht nur die Immobilien-Gesellschaft des Red-Bull-Gründers angesiedelt, sondern hier hat er offiziell auch seinen Hauptwohnsitz. Dem Vernehmen nach soll auch seine betagte Mutter auf dem Gut leben, das mittlerweile eine örtliche Touristenattraktion ist. Nachbarn betreiben eine Pension und vermieten unter anderem ein Zimmer „Red-Bull-Team“, das Ausblick direkt auf das Anwesen des Red-Bull-Gründers gewährt, wie auf der Homepage versichert wird. Einen weiteren Wohnsitz hat Mateschitz in der Stadt Salzburg, wo er im Stadtteil Nonntal in bester Hanglage und direkt unterhalb der historischen Festung Hohensalzburg ein 900-Quadratmeter-Haus besitzt. Hier soll sich Mateschitz meistens privat aufhalten, wenn er im Bundesland Salzburg ist. Zudem kaufte er im Sommer 2010 im Salzburger Nobel-Stadtteil Aigen um 920.000 Euro eine 166 Quadratmeter große Wohnung mit weiteren 152 Quadratmeter Balkon und Dachterrasse. Diese dürfte er allerdings nicht selbst bewohnen.

Zum Immobilienbesitz des Red-Bull-Gründers gehören auch die Flächen rund um die Red-Bull-Zentrale in Fuschl am See. Ende 2005 leitete er den Kauf eines Grundstücks im steirischen Altaussee ein. Wie er die 7000 Quadratmeter große Seewiese nutzen will, ist nicht bekannt. In St. Wolfgang besitzt der Oberbulle direkt am Ufer des Wolfgangsees das stillgelegte Hotel *Auhof*. Er soll vorhaben, das Haus mit seinem 4,5 Hektar großen Park zu einem Wellness-Zentrum und All-Suite-Hotel umzubauen. Allerdings waren so wie in Bad Altaussee auch am Wolfgangsee bei Drucklegung dieses Buches noch keine konkreten Pläne bekannt. Rund um den Wolfgangsee heißt es, Mateschitz warte ab, da derzeit noch zwei weitere große Hotels geplant seien. Außerdem kursiert das Gerücht, das Haus solle in ein Privatanwesen umfunktioniert werden. Im Gemeindeamt von St. Wolfgang weiß man allerdings nichts von einem Ansuchen auf Änderung der Hotelwidmung – zumindest offiziell. Wie auch immer: Am Wolfgangsee soll sich Mateschitz mindestens genauso wohlfühlen wie am benachbarten Fuschlsee.

Er scheint generell einen Hang zum Wasser zu haben. Seit 2003 besitzt er nämlich auch die Fidschi-Insel Laucala. Das zwölf Quadratkilometer große Eiland kaufte er dem amerikanischen Verleger Steve Forbes um kolportierte 10 Millionen Dollar ab. Dessen 1990 verstorbener Vater Malcolm Forbes ist auf Laucala begraben. Schon bald wurde bekannt, dass Mateschitz in der Südsee den Bau eines Luxus-Resorts um 100 Millionen Dollar plante. Dieses hätte ersten Plänen zufolge bereits Ende 2007 in Betrieb gehen sollen. Eröffnet wurde das Resort mit sieben (!) Sternen dann im Jahr 2009.

Weitere Hotels plant Mateschitz offenbar in der Steiermark: 2007 kaufte er das Schloss Hanstein in Großlobming, unweit des ehemaligen A1-Rings in Spielberg. Das großzügige Anwesen soll der Tageszeitung *Österreich* zufolge zu einem Luxus-Wellness-Tempel umgebaut werden, und zwar unabhängig davon, ob das Projekt „Spielberg Neu" realisiert wird. Ein weiteres Hotel soll jedoch mit der Rennstrecke zusammenhängen: Das *Steirerschlössl* in Zeltweg, das sich ebenfalls im Besitz des Red-Bull-Gründers befindet, soll ein Fünf-Sterne-Suitenhotel werden.

Bull Bau GmbH

Im Jahr 2005 gründete Mateschitz in aller Stille ein Bauunternehmen mit Sitz in Salzburg. Laut Firmenbuch hält an dieser *Bull Bau GmbH* 75 Prozent der Anteile Mateschitz selbst, als 25-Prozent-Gesellschafter ist Christian Schluder eingetragen. Dieser war Prokurist der *Projekt Spielberg GmbH,* die das letztlich gescheiterte Projekt einer Revitalisierung des A1-Rings umsetzen sollte. Die neue Baugesellschaft diente als Auffangbecken für Mitarbeiter des gescheiterten Unternehmens in der Steiermark. Ihr Know-how wollte Mateschitz nicht verlieren. Der Unternehmenssitz in Salzburg führte zu dem Gerücht, dass Red Bull nun möglicherweise hier ein Rennzentrum planen könnte. Allerdings gab es nie konkrete Pläne in diese Richtung.

Minderheitsgesellschafter Schluder fungiert laut Firmenbuch auch als alleiniger Geschäftsführer des

Unternehmens. Der Firmensitz befindet sich in der Stadt Salzburg. Als Strategie des Unternehmens gab Schluder an, er wolle beweisen, „dass man hervorragende Architektur in höchster Qualität zu einem günstigen Preis bieten kann". Über die *Bull Bau GmbH* laufen mittlerweile Planung und Beaufsichtigung aller Bauvorhaben von Red Bull und Dietrich Mateschitz. Verantwortlich zeichnete das Unternehmen etwa für den Bau des neuen Trainingszentrums der Red-Bull-Kicker im Salzburger Stadtteil Taxham, die Errichtung der Villa von Franz Beckenbauer im Salzburger Stadtteil Parsch oder des Hotel-Resorts auf der Fidschi-Insel Laucala.

Fuschler Nahwärme

Im Juli 2007 wurde in aller Stille die *Fuschler Nahwärme GmbH* gegründet. 70-Prozent-Gesellschafter ist die *Dietrich Mateschitz KG*, 30 Prozent hält die *s.nahwaerme.at*. Das Unternehmen aus Graz ist in Salzburg bereits an mehreren lokalen Fernwärmenetzen beteiligt, die ihre Wärme aus Hackschnitzelanlagen beziehen. Ein solches Netz wurde auch in Fuschl aufgebaut und Ende 2007 in Betrieb genommen. Die Voraussetzungen für das Fernwärmeprojekt hätten kaum besser sein können: Rund um Fuschl besitzt Mateschitz ausgedehnte Wälder, er kann also einen Teil des Holzes für das Hackschnitzel-Heizwerk liefern, der Rest stammt von Waldbauern aus der Region. Gleichzeitig steht mit der Red-Bull-Zentrale ein wichtiger Großabnehmer zur Verfügung. Red Bull verleiht also nicht nur Flügel, sondern auch Energie: Das halbe Ortszentrum von Fuschl und weitere kleinere Siedlungen sind mittlerweile an das Mateschitz-Netz angeschlossen.

Geplante und ehemalige Projekte

Dieses Buch hat bereits gezeigt, dass Dietrich Mateschitz kein König Midas der Wirtschaft ist: Nicht alles, was er angreift, wird zu Gold. Bekanntestes gescheitertes Großprojekt ist das geplante Motorsport- und Flugzentrum auf dem Gelände des ehemaligen Österreichrings in der Steiermark.

Ein Projekt, das schon seit Langem geplant, aber bislang nicht realisiert wurde, betrifft einen Golfplatz in der Salzburger Stadtrandgemeinde Anif. Hier gibt es die höchsten Grundstückspreise in Salzburg, aber dennoch in Nachbarschaft zum berühmten Wasserschloss noch ausreichend freie Fläche. Mateschitz war laut Firmenbuch mehrere Jahre 10-Prozent-Teilhaber der *Golfplatz Anif Errichtungs und Betriebs GmbH*, obwohl er den Golfsport verachtet. Logisch wird das Engagement, wenn man die Liste seiner Partner ansieht. Diese liest sich wie das Who's who der Salzburger Promi-Szene: Fußball-Kaiser Franz Beckenbauer, Formel-1-Pilot Ralf Schumacher, Ex-Spediteur und Ex-*Austria*-Präsident und nunmehriger Privatier Rudolf Quehenberger, *Stieglbrauerei*-Besitzer Dietrich Kiener, die Unternehmer- und Hoteliersfamilie Friesacher usw.

Angesichts dieser Namen erscheint es fast wie ein Wunder, dass der Golfplatz aufgrund rechtlicher Schwierigkeiten noch nicht gebaut werden konnte – konkret spießte es sich an der Größe und Lage des geplanten Klubhauses. Offiziell sind in Österreich zwar alle Menschen gleich, manche sind aber dann doch ein wenig gleicher. Und zu diesen „Gleicheren" zählen in Salzburg ganz sicher Dietrich Mateschitz und sein illustrer Freundeskreis.

Beendet hat Mateschitz hingegen sein Engagement an der *FUN Hotelprojektierung GmbH*. An dem Unternehmen, das zum größten Teil dem ehemaligen Chef des österreichischen Verkehrsbüros, Rudolf Tucek, gehört, hielt Mateschitz im Jahr 2005 10 Prozent der Anteile. Die Gesellschaft plant und betreibt *Cube Hotels*. Dabei handelt es sich um Hotels, die in Form von verspiegelten Würfeln in einigen Bergregionen bereits gebaut wurden und noch gebaut werden sollen. Die Betreiber versprechen einen „dreidimensionalen Urlaub" der „anderen Art": „Sport ohne Grenzen, Entertainment ohne Ende, Design ohne Kompromisse. Ein einzigartiges Mountain-, Leisure- und Holidaykonzept das ganze Jahr hindurch." Ein großes Anliegen dürfte Mateschitz das als so neuartig angepriesene Konzept nicht gewesen sein. Gegenüber dem *Format* sagte er einmal, das Engagement sei erfolgt „mit einem hohen Maß an Goodwill. Bei den Cube-Hotels haben wir mit einer geringfügigen Beteiligung die Fortführung des Projekts gesichert." Geplant waren ursprünglich acht Cube-Hotels, zum Zeitpunkt des Erscheinens dieses Buches gibt es jedoch nur drei: zwei in Österreich, eines in der Schweiz.

Teil IV: Der Bulle privat

18. Das Netzwerk des Dietrich Mateschitz

Ein Manager ist nur so gut wie das Netzwerk, das ihn umgibt. Auch ein noch so genialer Unternehmer kann in der modernen Wirtschaft kein Einzelspieler mehr sein. Er ist auf Mitarbeiter, auf Berater, auf wohlwollende Freunde angewiesen. Mateschitz ist Herr über einen breit aufgestellten Marketing-, Sport- und mittlerweile auch Medienkonzern. Privat hat er einen Hang zur Fliegerei und zu schnellen Autos. Daher ist es kein Wunder, dass sich sein Umfeld aus diesen Bereichen rekrutiert.

Zudem treten in jüngerer Vergangenheit im Umfeld von Red Bull auch zahlreiche Künstler auf. Der Energydrink-Konzern will sich in Zukunft nicht nur über Sport, sondern verstärkt auch über Kunst definieren. Dabei habe sein Unternehmen noch nicht so viel Erfahrung, meinte Mateschitz im Sommer 2007: „Derzeit suchen wir gerade einen Weg, um diese Partnerschaft auszudrücken." Das werde in subtiler Form geschehen, mit Respekt vor dem jeweiligen Projekt, versuchte er schon im Vorfeld möglichen Kritikern den Wind aus den Segeln zu nehmen.

Erfolgreiche Menschen – vor allem, wenn sie in der Liga eines Dietrich Mateschitz spielen – verfügen über eine enorme Anziehungskraft auf Semi-Prominente, Wichtigtuer und Mitläufer. Daher muss man sehr vorsichtig sein, wenn man Recherchen über das Umfeld und Netzwerk des Oberbullen anstellt: Viele tun so, als seien sie mit ihm befreundet, und reden nur vom „Didi".

Erst bei genauerem Hinterfragen stellt sich heraus, dass so mancher Möchtegern-Intimus Mateschitz vielleicht gerade einmal persönlich begegnet ist und dann, wenn überhaupt, nur ein paar Worte mit ihm gewechselt hat.

Benzinbrüder

Ganz sicher zu den engsten Freunden des Oberbullen zählt Gerhard Berger. Das Tiroler Formel-1-Faktotum war der erste Prominente, der sich regelmäßig mit der schlanken blau-silbernen Dose zeigte und ablichten ließ. Die Freundschaft entstand Mitte der Achtzigerjahre. Damals war Berger beinahe pleite und ständig auf der Suche nach Sponsoren. Mateschitz befand sich in der Phase vor der Markteinführung und war nicht minder knapp bei Kasse. Dennoch schloss er (für wenig Geld) einen Vertrag mit dem damals jungen Fahrer ab. Berger wurde 1986 durch seinen ersten Sieg beim Grand Prix von Mexiko über Nacht ein österreichischer Held und damit auch ein begehrter Werbeträger – Mateschitz hatte sein Geld gut angelegt. Nach einem weiteren GP-Sieg gestaltete der *ORF* ein Fernsehporträt. In diesem lief Berger über einen Sandstrand, blieb stehen und stillte seinen Durst mit einer Dose Red Bull. Es war dies der erste Fernsehauftritt der neuen Marke: „Am Tag nach der Sendung hat ganz Österreich gefragt, was er da getrunken hat, und wir waren ausverkauft“, erinnert sich Mateschitz an damals.

Berger ließ einmal in einem Interview mit einer Aussage aufhorchen, die viel über den Charakter von Dietrich Mateschitz aussagt und in geraffter Form jenes Bild wiedergibt, das der Verfasser vom Red-Bull-Gründer zu zeichnen versucht. Bei einem der ersten Treffen soll der damalige Jungunternehmer gesagt haben: „Ich bin überzeugt, das, was ich da mach, wird eine gute Geschichte, und wenn wir jetzt was zusammen machen, dann versprech ich dir, dass du bis zum Schluss bei uns in der Familie bleibst." Bis jetzt hielt Mateschitz Wort. Berger soll auch die Flugleidenschaft im Oberbullen geweckt haben. „Wer weiß, ob es die Flying Bulls in der heutigen Form überhaupt gäbe, wäre der Hobbypilot Berger nicht schon in den Achtzigern als erster und einziger Fomel-1-Star eigenhändig mit seinem Privatjet von Rennen zu Rennen gedüst und hat damit dem Red-Bull-Gründer den Mund wässrig gemacht", schreibt die Nachrichtenillustrierte *ECHO*.

Zeitweise waren Mateschitz und Berger nicht nur freundschaftlich, sondern auch wirtschaftlich verbunden. Red Bull hielt von 2006 bis Ende 2008 50 Prozent an der Spedition Bergers. Dieser war wiederum 50-Prozent-Eigentümer der *Scuderia Toro Rosso*. Berger unterhält übrigens so wie Mateschitz gute Kontakte zum *VW*-Konzern, obwohl er einst Konkurrent *BMW* den Weg zur Rückkehr in die Formel 1 ebnete. Daher spekuliert so mancher Motorsport-Experte, *Volkswagen* könnte über Red Bull und Berger in die Formel 1 einsteigen. Genährt wird dieses Gerücht auch durch die Tatsache, dass der große *VW*-Lenker Ferdinand Piëch so wie Mateschitz in Salzburg lebt und arbeitet. Und seit *Porsche* und *VW* mehr und mehr zusammenwachsen, scheint für manche Motorsport-Freunde sogar eine Rückkehr der Stuttgarter Sportwagen-Schmiede in die Königsklasse des Motorsports nicht mehr ausgeschlossen. Allerdings handelt es sich dabei nur um Spekulationen.

Auch Niki Lauda, *die* heimische Motorsport-Legende schlechthin, zählt zum Freundeskreis von Dietrich Mateschitz: Hinter einem Engagement von Junior Matthias Lauda in der Formel 3000 im Jahr 2004 stand nicht zuletzt der rote Bulle als Sponsor. Allerdings erwies sich der 1981 geborene Rennfahrer-Spross als nicht ganz so talentiert wie sein Vater, der immerhin dreimal Weltmeister in der Königsklasse wurde. Der Auftritt von Lauda junior in der Formel 3000 beschränkte sich auf eine Saison, dann drehte er bis Ende der Saison 2009 bei den Deutschen Tourenwagen Masters seine Runden und wurde dabei ebenfalls von Red Bull unterstützt.

Ein weiterer Benzinbruder des Red-Bull-Gründers ist Helmut Marko. Der ehemalige Rennfahrer stammt so wie Mateschitz aus der Steiermark und ist fast genauso alt wie dieser. Marko war Schulkollege und Jugendfreund von Österreichs erstem Formel-1-Weltmeister Jochen Rindt. Seine eigene Rennfahrerkarriere ging zu Ende, als 1972 beim Grand Prix von Frankreich ein Stein sein Helmvisier durchschlug und ein Auge traf. Seitdem trägt Marko ein Glasauge. Danach wurde der promovierte Jurist – das Studium hatte er neben seiner Rennfahrerkarriere absolviert – Hotelier in Graz, bevor Mateschitz ihn in den Neunzigerjahren als Teamchef in die Formel 3000 holte. Für das Junior-Team von Red Bull sollte Marko Talenten den Weg in die Königsklasse ebnen. Zu seinen Schützlingen zählten unter anderem Christian Klien, Juan Pablo Montoya oder Sebastian Vettel. Seit 2005 ist Marko Teamberater von *Red Bull Racing*. Und er war enger Partner von Mateschitz beim Versuch, den A1-Ring in der Steiermark neu zu beleben.

Ein weiterer Spieler bei diesem 750-Millionen-Euro-Projekt war *Volkswagen*. Das größte Aktienpaket am Wolfsburger Konzern kontrollieren die Familien Porsche und Piëch, die eng mit Salzburg und damit mit der Wahlheimat von Dietrich Mateschitz verbunden sind. Mit dem ehemaligen *VW*-Vorstandsvorsitzenden Bernd Pischetsrieder verstand sich der Red-Bull-Chef über eine bloße Geschäftsfreundschaft hinaus. Die beiden hatten jede Menge gemeinsamer Projekte und Pläne. So ist das

Dosen-Imperium Sponsor der Rallye Paris–Dakar, einer Veranstaltung des *VW*-Konzerns. Längere Zeit machte das Gerücht die Runde, *VW* könnte Boliden für einen Red-Bull-Rennstall in den USA liefern. Dazu kam es aber nicht (mehr): Pischetsrieder wurde Ende 2006 abgesetzt. Sein Nachfolger wurde der bisherige Vorstandsvorsitzende der *VW*-Tochter *Audi*, Martin Winterkorn. Auch mit diesem steht Mateschitz seit Jahren in Verbindung. Red Bull und *Audi* sind Hauptsponsoren der Hahnenkamm-Rennen in Kitzbühel. Mateschitz und Winterkorn sind dort regelmäßig bei den gleichen Partys zu Gast. Winterkorn lud zudem in seiner Zeit als *Audi*-Boss zweimal zu einem Treffen sämtlicher *Audi*-Manager in den *Hangar 7* ein.

Über sein Engagement in der Formel 1 hat Mateschitz auch Zugang zu Bernie Ecclestone gefunden. Der Oberbulle zählt mittlerweile zu einer kleinen, erlauchten Runde, die der Formel-1-Boss auch auf seine Yacht einlädt. Kenner der Szene behaupten, Ecclestone brauche Mateschitz mehr als umgekehrt: Die Königsklasse des Motorsports benötigt nämlich dringend potente Großsponsoren, die nicht aus der Tabakindustrie kommen. Hintergrund: Die Formel 1 will sich endlich in den USA etablieren. Dort wird allerdings das Verbot von Tabakwerbung rigoros gehandhabt.

Mit dabei im Kreis von Mateschitz' Benzinbrüdern ist auch der ehemalige Motocross-Weltmeister Heinz Kinigadner. Der nunmehrige Sportchef des Motorradbauers *KTM* zählt zu den engsten Freunden des Oberbullen und war mit diesem bereits in der Sahara unterwegs – auf zwei Rädern, versteht sich. Dabei kam Mateschitz beim Überqueren einer acht Meter hohen Sanddüne zu Sturz und brach sich den Oberarm. Stundenlang musste er gemeinsam mit Kinigadner ausharren, bis endlich Rettung kam. Solche Erlebnisse verbinden. Der Motocrosser soll es auch gewesen sein, der Mateschitz den Einstieg in den *Seitenblicke Verlag* schmackhaft machte. Außerdem sind Mateschitz und Kinigadner Träger der Stiftung *Wings for Life*, die Heilchancen für Querschnittgelähmte erforscht. Unterstützt wird die Stiftung seit Anfang 2008 auch von Skilegende Hermann Maier, der sich als Botschafter zur Verfügung gestellt hat.

Sportsfreunde

An Sportkontakten außerhalb der PS-Welt ist an erster Stelle Franz Beckenbauer zu nennen. Der „Kaiser“ ist einer der besten Freunde des Red-Bull-Gründers. Die beiden sind in etwa im gleichen Alter und verstehen sich sowohl beruflich als auch privat bestens. Beckenbauer findet immer ein offenes Ohr bei Mateschitz und hatte vor allem großen Einfluss auf das Engagement Red Bulls im Fußball. Er war anfangs sportlicher Berater der Bullen-Mannschaft und fädelte etwa den Wechsel der Ex-Bayern-Spieler Thomas Linke und Alexander Zickler und das Engagement des Trainerduos Giovanni Trapattoni und Lothar Matthäus ein.

Ebenfalls ein langjähriger Sportsfreund ist der ehemalige Weltklasse-Skispringer Edi Federer. Er war in den Siebzigerjahren Teil der damaligen ÖSV-Wunderriege von Trainerlegende Baldur Preiml. Nach seiner aktiven Karriere begann er in einem Verpackungsunternehmen zu arbeiten, in geringerem Ausmaß war er im Sportmanagement tätig. Ende der Achtzigerjahre lernte er im Salzburger Wintersportort Saalbach-Hinterglemm Dietrich Mateschitz kennen. Federers Aufstieg zum Sportmanager kam 1992, als ihn der ehemalige Springerkollege Ernst Vettori mit dem damaligen Überflieger Andreas „Goldi“ Goldberger zusammenbrachte. „Goldi“ arbeitet heute übrigens in Federers Papierunternehmen, das in aller Welt für beste Adressen in Österreich Gläser, Verpackungsmaterial, Kerzen, Taschen usw. einkauft und bedruckt. Für den Sportbereich von Red Bull betreute Federer die Skispringer-Riege und damit unter anderem die beiden Überflieger Thomas Morgenstern und Gregor Schlierenzauer und den Polen Adam Malysz. Allerdings brach bei dem umtriebigen Manager 2010 eine nicht näher bekannte, schwere Nervenkrankheit voll aus, die ihn zum Pflegefall machte.

Zum Umfeld des Dietrich Mateschitz gehört auch seit Jahren der langjährige Chefvermarkter der Hahnenkamm-Rennen, der ehemalige Top-Abfahrer Harti Weirather. Dieser ist mit der Event-Agentur, die er gemeinsam mit seiner Frau, der ehemaligen Weltklasse-Skifahrerin Hanni Weirather-Wenzel, betreibt, ein wichtiger Partner für Red Bull. Und er hat auch das Privileg, mit Red Bull als Referenzkunden werben zu dürfen.

Politische Kontakte

Der Red-Bull-Boss ist immer wieder mit prominenten Politikern zu sehen. Hier drängt sich die Frage auf, wer die Kontakte gesucht hat und wem sie mehr bringen bzw. wer sich mehr von ihnen erhofft. Besonders oft war in den vergangenen Jahren Karl-Heinz Grasser an der Seite von Dietrich Mateschitz zu sehen. Der ehemalige Minister für Finanzen und Society und spätere Fondsmanager fehlte in seiner aktiven Zeit als Politiker kaum auf einer Red-Bull-Party und gehört mit seiner Frau Fiona Pacifico Griffini-Grasser auch heute noch zu den meistfotografierten Personen im *Seitenblicke Magazin*, das zum Red-Bull-Konzern gehört. Er revanchiert sich, indem er regelmäßig die Werbetrommel für Red Bull rührt: Das Getränk erinnere ihn an Gummibärli und an seine Kindheit.

Die Nähe des feschen und smarten Ex-Politikers in dessen besten Zeiten zu Mateschitz führte zu dem Gerücht, Grasser könnte eines Tages ins Management des Red-Bull-Imperiums wechseln. Niemand Geringerer als Mateschitz selbst räumte jedoch mit diesen Spekulationen auf, als er dem Wirtschaftsmagazin *Format* sagte: „Es gab nie ein konkretes Angebot. Ich glaube, dass das Unternehmen Red Bull einem langjährigen Finanzminister keine entsprechende Position bieten kann. Umgekehrt glaube ich, dass Herr Grasser sich bei Red Bull nur bedingt wohlfühlen und integrieren könnte." Angesichts der vielen Affären, in die Grasser seit 2009 verwickelt ist, wird Mateschitz froh sein, dass es nie zu einer Zusammenarbeit mit dem Ex-Minister kam.

Hervorragenden Kontakt pflegte Mateschitz zu Zeiten der schwarz-orangen Koalition in Österreich auch mit BZÖ-Vizekanzler Hubert Gorbach. Dieser stellte seine Freundschaft unter Beweis, als er für die pompöse Eröffnung des *Hangar 7* in seiner Funktion als Verkehrsminister Sonder-Überflüge durch alle möglichen Flugzeugtypen genehmigte. Mit dabei war bei der Eröffnung des *Hangar 7* auch der damalige Verteidigungs-, spätere Innenminister und Tiroler Landeshauptmann Günther Platter. Kein Wunder: Schließlich war Red Bull in den Jahren von 2004 bis 2006 offizieller Partner der zwar kleinen, aber doch existenten österreichischen Luftstreitkräfte.

Nach den Anschlägen vom 11. September 2001 ging es auch im Bundesheer darum, ein Verfahren zu entwickeln, wie mit einem zivilen Flugzeug umzugehen ist, wenn es von Terroristen entführt wurde und als fliegende Bombe eingesetzt werden soll. Die Militärs verpassten solchen Passagierjets den Codenamen „Renegade". Um das Auftreten solcher „Renegades" möglichst authentisch üben zu können, stellte Mateschitz seinen

Privatjet, eine *Dassault Falcon 900EX*, zur Verfügung, die dann wiederholt von rot-weiß-roten Militärmaschinen in der Luft abgefangen und zur Landung gezwungen wurde. Involviert war das Bundesheer auch in die ursprünglichen Pläne für den ehemaligen A1-Ring: Dieser hätte zu einer Rennsport- und Flugakademie ausgebaut werden sollen. Auf dem nahen Fliegerhorst in Zeltweg fand zwischen 1997 und 2009 fünfmal das Flugspektakel *AirPower* statt – eine gemeinsame Veranstaltung von Red Bull und Bundesheer. Die nächste findet im Sommer 2011 statt. Bei einer solchen *AirPower* wurde 2003 auch das erste Air Race gestartet.

In Salzburg unterhält Mateschitz auch gute Kontakte zur Landespolitik. Mit Landeshauptfrau Gabi Burgstaller versteht er sich blendend. Weil Red Bull ein weltweit agierender Konzern ist, reichen auch die Kontakte des Oberbullen über mehrere Kontinente: Arnold Schwarzenegger, so wie Mateschitz gebürtiger Steirer und prominentester lebender Auslands-Österreicher, ebnet seinem Landsmann viele Wege im Land der unbegrenzten Möglichkeiten. Einst riet er Mateschitz davon ab, mit dem *Taurus World Stunt Award* einen weiteren Filmpreis ins Leben zu rufen. Hollywood habe derlei nicht nötig, meinte der mittlerweile ehemalige „Governator“. Das hielt ihn aber nicht davon ab, den Preis selbst mehrere Male zu überreichen.

Kunst, Küche und Kreative

Der *Taurus Award* wird seit 2001 in wechselnden Kategorien für besonders gute, spektakuläre Stunts vergeben. Darüber hinaus gibt es auch Ehrenpreise für Action-Darsteller und Regisseure von Action-Filmen. Einen Ehren-*Taurus* erhielten unter anderem Arnold Schwarzenegger (was für ein Zufall!), John Woo, Keanu Reeves, Sylvester

Stallone und Quentin Tarantino. Gestiftet wird die Auszeichnung von der *Taurus World Stunt Awards Privatstiftung*, die ihren Sitz – wie sollte es auch anders sein – in Fuschl am See hat.

Der *Taurus Award* ist eine 80 Zentimeter große und zwölf Kilogramm schwere Bronze. Er entstand nach den Plänen des Tiroler Künstlers Jos Pirkner und stellt einen Menschen mit Stierkopf und Flügeln dar. Die Ähnlichkeit zum Oscar ist beabsichtigt.

Der 1927 geborene Jos Pirkner ist nur einer von mehreren Künstlern, die für Mateschitz tätig sind. Er erhielt den Auftrag, die Konzernzentrale künstlerisch zu gestalten. Dazu schuf er ein überlebensgroßes Bullenpaar aus Bronze. Das Werk gehört mit einer Länge von 22,5 Metern zu den größten Bronzeplastiken Europas.

Dem Hang zu künstlerischer Gigantomanie wird auch der Salzburger Hubert Lepka gerecht, seines Zeichens Experte für Groß-Performances. „Events, wie sie die Welt noch nicht gesehen haben soll, gehören zu Red Bull wie die zwei Stiere im Logo. Das hedonistische Erscheinungsbild der Taurin-Brause wird dabei zunehmend von Kunstprojekten geprägt – oder dem, was Schirmherr Dietrich Mateschitz dafür hält", ätzt das *Wirtschaftsblatt*. Wer es in der Kunst allzu groß mag, provoziert eben Kritik und läuft Gefahr, als Parvenü abgestempelt zu werden. Zurück zu Hubert Lepka: Er gestaltete unter anderem die monumentale Show zur Eröffnung des *Hangar 7*.

Der Entwurf für dieses moderne architektonische Wahrzeichen der Mozartstadt stammt aus der Feder des Salzburger Architekten Volkmar Burgstaller, der ebenfalls zur Künstlergruppe des Red-Bull-Imperiums zählt. Schließlich gestaltete er neben dem *Hangar 7* auch die neue Konzernzentrale in Fuschl am See. Burgstaller führte eine Kategorie von Gebäuden in Salzburg ein, die man hierzulande bislang nicht kannte: künstlerisch gestaltete Industrie- und Wirtschaftsgebäude. Diese kommen in Salzburg an: Auch das neue Sudhaus von Österreichs größter Privatbrauerei, dem *Stieglbräu* zu Salzburg, lässt deutlich die Formensprache des kreativen Architekten erkennen.

Weiters in der Schar der Red-Bull-Kreativen: Der Filmkünstler Virgil Widrich. Der gebürtige Salzburger betreibt in Wien ein Multimedia-Unternehmen und machte die *Mayday Bar* im *Hangar 7* zum multimedialen, interaktiven Gastronomie-Erlebnis, in dem etwa die Cocktail-Bar auf Berührungen und abgestellte Gegenstände reagiert. Für diese Installation erhielt Widrich 2004 den deutschen *Multimedia Award*.

Zu den Lieblings-Künstlern von Dietrich Mateschitz zählt der Crossover- und Welt-Musiker Hubert Achleitner, besser bekannt als Hubert von Goisern. „Wenn ich singen und Musik machen könnte, genauso würde ich es versuchen zu können", meinte der Red-Bull-Gründer einmal über den Oberösterreicher. „Ich bin ja ein großer Konzertbesucher, und über die Jahre hab ich keine Gelegenheit ausgelassen, wenn der Hubert irgendwo in der Nähe gespielt hat." Allerdings dauerte es lange, bis aus dieser Bewunderung auch eine Zusammenarbeit wurde. 2007 war es dann so weit: Red Bull unterstützt eine musikalische Reise, die Hubert von Goisern bis zum Jahr 2009 mit einem Konzertschiff unternahm. Unterwegs war er als Kulturbotschafter der oberösterreichischen Landeshauptstadt Linz, die 2009 den Titel *Kulturhauptstadt Europas* trug. Die Fahrt führte vom Schwarzen Meer bis an die Nordsee. Das Schiff legte an zahlreichen Stationen an, und Hubert von Goisern gab Konzerte mit lokalen Musikern. Außerdem erhielt er den Auftrag, eine Hymne für den *FC Red Bull Salzburg* zu schreiben, die es bislang allerdings noch nicht gibt.

Die Gastronomie-Abteilung vertraute Mateschitz im Jahr 2006 Eckart Witzigmann an. Der gebürtige Salzburger, der vom *Gault Millau* zum „Jahrhundertkoch" ernannt wurde und als einziger deutschsprachiger Koch die begehrten drei Sterne des *Guide Michelin* erhielt, ist der geistige Vater und Patron des im *Hangar 7* untergebrachten Restaurants *Ikarus*. Hin und wieder soll er auch im privaten Haushalt von Dietrich Mateschitz den Kochlöffel schwingen.

Einst brachte Witzigmann als Schüler der Kochlegende Paul Bocuse die französische *Nouvelle Cuisine* in den deutschsprachigen Raum. Für das *Ikarus* entwickelte er ein völlig neuartiges Küchenkonzept, das von Küchenchef Roland Trettl umgesetzt wird. Der Südtiroler Trettl gehört zur jungen Riege der Starköche. Er wäre fast Eishockey-Profi geworden, hat sich aber dann doch für die Küche entschieden und wurde Schüler von Witzigmann.

Dritter Kochgigant in Diensten des Oberbullen war bis August 2007 Jörg Wörther, der so wie Witzigmann in Bad Gastein geboren wurde. Wörther wurde in den Jahren 1997 bis 2003 für sein Restaurant *Jörg Wörther* im Schloss Prielau vom *Gault Millau* jährlich mit vier roten Hauben ausgezeichnet. Eigentümer des Schlosses in Zell am See ist übrigens Wolfgang Porsche, Sprecher der Familie Porsche und Aufsichtsratsvorsitzender der *Porsche AG* in Stuttgart und der *Porsche Holding* in Salzburg. Seine Familie hat auf dem *Schüttgut* in Zell am See ihren Stammsitz. Nur wenige Kilometer weiter, in Maria Alm, hat Dietrich Mateschitz ein Anwesen. Zurück zu Wörther: Dieser sperrte Ende 2003 seinen Pachtbetrieb im Schloss Prielau zu. Knapp zwei Jahre später eröffnete er in der Getreidegasse in der Salzburger Altstadt das *Carpe-Diem*-Restaurant. Die Zusammenarbeit mit Mateschitz endete, wie bereits dargestellt, weil sich Wörther und der Oberbulle nicht darüber einigen konnten, in welche Richtung sich das *Carpe-Diem*-Fingerfood entwickeln sollte. Nachfolger Wörthers im *Carpe Diem* wurde Spitzenkoch Franz Fuiko, der ebenfalls aus Salzburg kommt.

Rechte Hände

Auf wen verlässt sich Mateschitz in seinem Unternehmen? Diese Frage ist gar nicht so leicht zu beantworten. Schließlich dringen Interna kaum nach außen. Selbst die Struktur des Unternehmens wird behandelt wie ein Staatsgeheimnis. Geleitet wird das Unternehmen von Dietrich Mateschitz als Chief Executive Officer (CEO). Ihm zur Seite stehen mittlerweile fünf weitere Vorstandsmitglieder. Das Quintett trägt den Titel *Board of Directors*. In diesem teilen sich die Zuständigkeiten auf die Fachbereiche Finanzen, Operations, Personal, Presse- und Öffentlichkeitsarbeit und Recht auf. Namentlich sind die Direktoren Walter Bachinger (Finanzen), Roland Concin (Operations), Rudolf Theierl (Personal), Tina Sponer (Presse- und Öffentlichkeit) und Volker Viechtbauer (Recht). Primus inter pares dürfte Rudolf Theierl sein. Der 1949 geborene Manager ist nach Mateschitz das älteste Mitglied des Vorstandes und war lange Jahre Finanzchef des Konzerns. Heute zeichnet er neben dem Personalwesen vor allem für gesellschaftliche Sponsoring-Aktivitäten verantwortlich und vertritt dabei das Dosen-Imperium bei gesellschaftlichen Anlässen oft nach außen. Offiziell ist er seit 1996 Prokurist der *Red Bull GmbH* und trägt den Titel *Head of Charity and Non Profit Activities*. Darüber hinaus ist er unter anderem Vorstandsvorsitzender des *FC Red Bull Salzburg*, Geschäftsführer des *Seitenblicke Magazins* und Vorstandsmitglied der Stiftung *Wings for Life*.

Wichtige Rollen spielen auch Robert Hohensinn, der Generalmanager von Red Bull Österreich, und Manfred Hückel, der ebenfalls eine führende Rolle in Österreich hat. Zudem gibt es eine Handvoll Gebietsleiter, sogenannte Area Manager. Die Finanzen managt die Salzburger Wirtschaftskanzlei *Zobel, Bauer & Partner*, der Mateschitz trotz heftiger Werbung von großen, internationalen Kanzleien treu bleibt. Bei seinen privaten Investments verlässt sich Mateschitz auf die Managerin und Finanzexpertin Barbara Strobl.

Könnte einer dieser Manager Mateschitz einst beerben, wenn sich dieser zur Gänze aus dem Unternehmen zurückzieht? Aktuell gibt es keinen erklärten Kronprinzen. In den vergangenen Jahren wurden immer zwei Namen genannt, wenn es darum ging, wer Mateschitz einst nachfolgen könnte: Norbert Kraihamer und Dany Bahar. Beide haben das Unternehmen aber in der Zwischenzeit verlassen.

Bahar, Jahrgang 1971, legte bei Red Bull eine makellose Karriere hin. Der Sohn türkischer Einwanderer in der Schweiz arbeitete sich innerhalb kürzester Zeit zum persönlichen Assistenten von Dietrich Mateschitz empor. Er galt drei Jahre lang als Nummer zwei im Energydrink-Imperium und als möglicher Nachfolger des Oberbullen. Er scheint aber zu viel gewollt zu haben und galt allgemein als arrogant und herrisch. Mitte 2006 kam es – angeblich nach vielen Beschwerden über das Auftreten des Jungbullen – zum Bruch zwischen Mateschitz und Bahar. Der „Erlediger“ (Zitat: Mateschitz), der mit weitreichender Machtfülle ausgestattet war, wurde zum Leiter der *Corporate Projects* Formel 1, NASCAR, Fußball, Eishockey, *Hangar 7* und *Red Bulletin* „befördert“. Seine Rolle an der Seite von Dietrich Mateschitz übernahm Tina Sponer. Die 1975 geborene ehemalige Tennisspielerin war zuvor Pressesprecherin von Red Bull gewesen. Im März 2007 warf Bahar das Handtuch und verließ Red Bull. Seine Position als Head of Corporate Projects wurde bezeichnenderweise nicht nachbesetzt. Die einzelnen Projekte würden genügend Eigenständigkeit besitzen, teilte die damalige Mateschitz-Assistentin Sponer mit. Kurze Zeit nach seinem Ausscheiden wurde Bahar als Leiter der Markenentwicklung in den Vorstand des italienischen Sportwagenbauers *Ferrari* berufen. Später wechselte er zu *Lotus*.

Norbert Kraihamer, Mitarbeiter der ersten Stunde und lange Jahre Marketingleiter, hatte den Red-Bull-Konzern ein dreiviertel Jahr vor Bahar verlassen. Seine Streitigkeiten mit Dietrich Mateschitz gelangten sogar in die Medien. Ende 2006 wurde Kraihamer Aktionär und Vorstandsvorsitzender des Schuhherstellers *MBT (Masai Barfuß-Technologie)*. Bereits im Spätsommer 2007 stieg er jedoch wieder aus dem Unternehmen aus. Rasch machten Gerüchte die Runde, Kraihamer könnte wieder zu Red Bull zurückkehren. Er soll Mateschitz nach wie vor eng verbunden sein.

19. Der Mann hinter dem Bullen

Dietrich Mateschitz ist neben Arnold Schwarzenegger der wohl bekannteste lebende Steirer. Er hat wie kaum ein anderer österreichischer Unternehmer das weltweite Wirtschaftsgeschehen beeinflusst. Der Red-Bull-Gründer ist ein klassischer Selfmademan aus bescheidenen Verhältnissen. Geboren wurde der kroatischstämmige Milliardär am 20. Mai 1944 im kleinen Ort St. Marein im nordsteirischen Mürztal. Seine Heimatgemeinde ist Teil der sogenannten Mur-Mürz-Furche, einem der wichtigsten Industriegebiete Österreichs. In Kapfenberg, nur wenige Kilometer von St. Marein entfernt, gibt es seit dem 19. Jahrhundert ein großes Stahlwerk, das heute dem Edelstahlkonzern *Böhler-Uddeholm* gehört. Während des Zweiten Weltkriegs wurden hier wichtige Rüstungsgüter erzeugt. Das Mürztal war daher Ziel mehrerer alliierter Bombenangriffe.

Vom Sternzeichen her ist Mateschitz Stier – wie könnte es auch anders sein. Stieren sagt man nach, sie seien beharrlich, treu, bewahrend und familiär und würden die Natur lieben. Gleichzeitig sollen sie aber auch stur und bisweilen besitzergreifend sein. Man muss jetzt nichts von Horoskopen halten, irgendwie klingt das aber wie eine Kurzbeschreibung von Dietrich Mateschitz. Geprägt wurde der spätere Red-Bull-Gründer in seiner Kindheit vor allem von seiner Mutter. Diese war Lehrerin und unterrichtete in der Volksschule von St. Marein auch ihren eigenen Sohn. Von seiner frühen Kindheit erzählt Mateschitz kaum. Einmal verriet er, dass er ab einem Alter von vier oder fünf Jahren Geige lernen musste, was ihm gar nicht gefiel. „Das erste Konzert hab ich mit zehn gegeben, im Matrosengwandl im Stadtsaal von Bruck an der Mur, aber ich bin wirklich kein Musiker." In der Bezirkshauptstadt besuchte Mateschitz später auch das Gymnasium.

Nach der Matura, die der weitgehend vaterlos aufgewachsene junge Mann nicht gerade mit dem größten Erfolg absolvierte, begann er 1962 an der Technischen Universität in Wien Schiffsbau zu studieren. Nach vier Semestern hatte er jedoch genug von der Technik und wechselte an die damalige Hochschule für Welthandel, die heutige Wirtschaftsuniversität. Sein Hauptfach war Marketing. Das Studium finanzierte Mateschitz weitgehend selbst, indem er in den Stahlwerken der Mur-Mürz-Furche arbeitete oder als Reiseleiter jobbte. Vielleicht auch deshalb war er das, was man einen Bummelstudenten nennt: Für den Abschluss brauchte er 20 Semester. „Ich war mit allem ein bissl hintendran“, räumte er einmal ein: „Normalerweise ist man auf der Wirtschaftsuni mit 22 fertig, nicht mit 28. Das hat sich dann immer weiter addiert, bis ich mich mit 40 selbstständig gemacht habe.“ Auf dem Papier war der Red-Bull-Gründer ein Spätzünder. Seine spätere Entwicklung zeigt jedoch, dass er sehr gut aufgepasst und viel gelernt hat.

Nach dem Studium, das er mit dem Titel *Diplomkaufmann* abschloss, kehrte Mateschitz seiner steirischen Heimat den Rücken und ging nach Deutschland. Seine Wurzeln in der grünen Mark hat er aber trotz seines späteren kometenhaften Aufstieges nie vergessen. Angesprochen auf seine Herkunft und die Bräuche seiner Kindheit und Jugend, meinte der Red-Bull-Gründer einmal in einem *Red Bulletin*: „Ich bin Steirer und mit Lederhosen aufgewachsen. Aber da hat inzwischen ein anderes Leben stattgefunden. Das heißt aber nicht, dass ich das Brauchtum nicht sehr gern in meiner Umgebung erlebe, als Gast halt.“

Zurück zum beruflichen Einstieg: Der frischgebackene Akademiker nahm einen Job beim *Unilever*-Konzern an, einem der weltweit führenden Multis im Bereich Nahrungsmittel und Konsumgüter. Rasch erwies er sich als geschickter Mitarbeiter in den Bereichen Marketing und Verkauf. Die meisten Artikel und Berichte über die Unternehmensgeschichte von Red Bull vermitteln den Eindruck, als sei Mateschitz ein kleiner Angestellter gewesen, bevor er mit 40 Jahren beschloss, sich mit seiner Idee von einem für Europa neuartigen Getränk selbstständig zu machen. Diese Beschreibung wird der Wirklichkeit keinesfalls gerecht. Immerhin brachte es der heutige Konzernlenker in seiner Zeit als Angestellter zum Marketing-Manager der internationalen Division der Zahnpasta-Marke *Blendax*. Kein schlechter Job, der es dem Steirer ermöglichte, so viel Geld auf die hohe Kante zu legen, dass er damit seinen späteren Weltkonzern Red Bull gründen konnte.

Der Mann und der Bulle

Sein Privatleben hält Mateschitz fast panisch geheim. Das lässt Mythen entstehen, die so weit gehen, dass sogar eigene Angestellte daran zweifeln, ob es den Oberbullen tatsächlich gibt: „Unlängst hat mich eine amerikanische Mitarbeiterin völlig verblüfft mit den Worten begrüßt: ‚Oh, you really exist!'", erzählte Mateschitz einmal dem Nachrichtenmagazin *profil*. Darüber kann er schmunzeln. Keinen Sinn für Humor hat er jedoch bei allen Angelegenheiten, die ins Persönliche gehen. Als sich *profil*-Redakteur Michael Nikbakhsh anschickte, eine Biografie über Mateschitz zu schreiben, musste er schnell leidvoll zur Kenntnis nehmen, wie sehr der Mann und der Bulle zusammengehören.

Nikbakhsh hatte sich durch seine investigative Arbeit einen Namen gemacht. Für sein geplantes Buch begann er im Umfeld und in der Heimatgemeinde des Red-Bull-Gründers zu recherchieren. Damit weckte er den Zorn des ansonsten so charmanten Mateschitz: „Sie haben meine Mutter behelligt. Ich dulde das nicht", soll der Oberbulle bei einem zufälligen persönlichen Zusammentreffen zu seinem verhinderten Biografen gesagt haben. Und weiter: „Solange eine perforierte Kniescheibe in Moskau 500 Dollar kostet, werden Sie nicht sicher sein." Eine glatte Drohung, für die sich Mateschitz einige Tage später in einem persönlichen Brief entschuldigt habe, wie Nikbakhsh in einer Reportage über sein letztlich gescheitertes Projekt schreibt.

Solcherart vorgewarnt hütete sich der Verfasser dieses Buches, der Familie Mateschitz zu nahe zu treten.

Das gilt auch für den halbwüchsigen Sohn des Oberbullen, der aus einer früheren Beziehung stammt. Der junge Mann namens Mark, der 1993 geboren wurde, trägt den Nachnamen seines Vaters. Er besuchte lange Zeit ein Internat im Bundesland Salzburg, ist aber bei zahlreichen offiziellen und vor allem auch inoffiziellen Auftritten von Mateschitz senior dabei. Umgekehrt besucht der Red-Bull-Gründer seinen Sohn, wenn dieser etwa als Nachwuchskicker für einen Salzburger Unterliga-Verein im Einsatz ist. Auf dem Fußballplatz ergeben sich immer wieder Möglichkeiten, ein Gespräch mit dem Star-Unternehmer zu führen, der dort völlig locker auftritt. Vielleicht hängt ja der Einstieg des Energydrink-Konzerns in den Profifußball auch ein bisschen mit der Fußballbegeisterung von Mateschitz junior zusammen.

Obwohl es also regelmäßige Kontakte und eine enge Beziehung gibt, lebt Mark nicht offiziell bei seinem Vater, sondern bei seiner Mutter. Diese wohnt in Salzburg, tritt öffentlich aber nie in Erscheinung. Mateschitz senior und junior stehen trotz getrennter Wohnsitze einander so nahe, dass der Red-Bull-Gründer als Grund für die Einrichtung seiner Privatstiftung angegeben hat, er wolle seinen Sohn absichern: „Es ist eine Frage der Verantwortung, die ich trage. Man fährt schneller in einen Baum, als man glaubt. Das ist eine Frage, die mich beschäftigt." Mateschitz war zwar nie verheiratet, er ist aber trotzdem ein Familienmensch. In jüngerer Vergangenheit tauchten Gerüchte auf, wonach Mateschitz auch zwei erwachsene Töchter haben soll. Fotos, die ihn angeblich mit seinen Töchtern zeigen und die aus dem privaten Umfeld des Red-Bull-Gründers stammen sollen, wurden Bildagenturen und Medien unter der Hand zum Kauf angeboten. Allerdings ist keines dieser Bilder jemals erschienen, sodass nicht klar ist, ob es sie überhaupt gibt.

Unkonventionell und konservativ

Mateschitz ist nicht nur ein wirtschaftliches, sondern auch ein gesellschaftliches Phänomen. Er ist eine äußerst vielschichtige Persönlichkeit und vereint zwei Eigenschaften in sich, die einander auf den ersten Blick völlig widersprechen: Der Marketingprofi ist ein Anhänger von unkonventionellen Ideen und Geschäftspraktiken, gleichzeitig ist er aber auch ein äußerst konservativer Mensch. „Man muss ja traditionelle Werte nicht völlig in Frage stellen, die haben schon sehr viel von dem, was einem dann das Rüstzeug fürs Leben mitgibt", gewährte er einmal Einblick in seine Seele. Er ist ein Mann mit ehernen Grundsätzen, die er auch auf Punkt und Komma einhält.

Äußerlich ist Mateschitz sein Konservativismus kaum anzumerken. Ähnlich wie *Microsoft*-Gründer Bill Gates hat er keinerlei Hang zu teuren Anzügen und Designer-Kleidung. Anzutreffen ist er fast ausschließlich im sportlichen Outfit: Dreitagebart, Jeans und die Hände in den Hosentaschen. Seinen österreichischen Charme versprüht er, wo und wann immer er Gelegenheit dazu hat. Das kommt vor allem bei den Nachbarn im Norden durchaus an, wie der hohe Anteil an Österreichern im Spitzenmanagement deutscher Konzerne zeigt.

Unkonventionell ist Mateschitz auch in geschäftlichen Belangen. Für ihn gilt ein Handschlag unter Männer noch etwas. Damit sind wir beim streng konservativen Mateschitz, für den Ehre, Ehrlichkeit und eine gute Kinderstube noch Kriterien in der Geschäftswelt sind. Dem Wirtschaftsmagazin *trend* diktierte er einmal: „Unsere Auffassung vom Geschäftemachen ist nicht, dass man sich gegenseitig übervorteilt. Man kann auch durch Leistung und Geradlinigkeit Erfolg haben. Das geht." Gegenüber ausgewählten Geschäftspartnern verzichtet er bisweilen auf schriftliche Verträge oder lässt sie erst später ausarbeiten. So soll es nach wie vor keinen schriftlichen Vertrag zwischen Red Bull und *Rauch* geben. Dabei ist der Getränkekonzern aus Vorarlberg weltexklusiv für Erzeugung und Abfüllung des Energydrinks zuständig.

Mit seiner Affinität zu legerem Auftreten wirkt Mateschitz eher wie ein Privatier als wie ein kühl rechnender Wirtschaftsboss. Man sagt ihm nach, er habe für sich selbst die Drei-Tage-Arbeitswoche zum Prinzip erhoben. Überliefert ist der Ausspruch: „Wenn ich am Freitag ins Büro fahren muss, habe ich in den ersten vier Tagen der Woche etwas falsch gemacht." Ginge es nach diesem Zitat, hätte der Oberbulle ständig Fehler gemacht, schmunzelte ein ehemaliger Red-Bull-Mitarbeiter im Gespräch mit dem Verfasser: Mateschitz sei auch an den Wochenenden oft im Büro. Als Sebastian Vettel nach dem Gewinn seines WM-Titels in der Formel 1 zu Mittag im *Hangar 7* erwartet wurde, sahen Mitarbeiter benachbarter Unternehmen Mateschitz bereits um fünf Uhr früh vor dem Hangar vorfahren. Er wollte offenbar die Vorbereitungen für die Begrüßung und die Präsentation für die Medien selbst überwachen.

Sein Imperium lenkt er nach Grundsätzen, die er selbst einmal in einem Gespräch mit dem *trend* als „extrem konservativ, ja geradezu altmodisch" eingestuft hat: „Man darf die Kreativität der Marke Red Bull nicht mit unserer Geschäftsgebarung verwechseln. Ich bin nach dem Motto erzogen worden: Schulden macht man nicht. Das ist auch eine Tugend. Ich glaube nicht an die Formel: zwei Drittel Fremdkapital, ein Drittel Eigenkapital. Da braucht nur irgendetwas im Dezember mit dem Umsatz sein oder irgendeine Währungsabwertung, und dann schaut man. Wir geben bei Red Bull das Geld aus, das wir verdient haben, und nicht das, was wir vielleicht einmal verdienen werden." Ein anderes Mal sagte er:

„Wir wollen das Unternehmen durch Expansion nie, auch nicht eine Sekunde lang, in seiner Existenz gefährden."

Zum Bild des konservativen Dietrich Mateschitz passt auch, dass der Red-Bull-Gründer sich durchaus patriotisch gibt: „Ich bin überzeugter Österreicher", betont er. Deswegen findet die primäre Wertschöpfung von Red Bull nach wie vor in der Alpenrepublik statt. Die Konzernmutter mit Sitz in Fuschl am See stellt ihren Töchtern und Vertriebspartnern in aller Welt Rechnungen aus. Die Steuern für diese Einnahmen fallen in Österreich an. Und das sei auch seine Intention, hielt der Oberbulle gegenüber dem *trend* einmal fest: „Es ist Ihnen sicherlich aufgefallen, dass es bei uns weder eine ‚Einkaufsgesellschaft' in Hongkong noch eine ‚Markenholding' auf irgendeiner Steuerinsel gibt. Ich habe in verlustreichen Anfangsjahren einmal gesagt, ich wünschte mir die Zeit herbei, wo wir schon viel Steuern zahlen dürften. Jetzt ist es so weit, und ich sehe es nicht als unsere vordringlichste Aufgabe an, durch gewagteste Konstruktionen Steuern zu verhindern." Als überzeugter Österreicher halte er Steuern zahlen in Österreich eben für legitim, sagt Mateschitz. Er kann es sich aber auch leisten, sie zu bezahlen.

Diese Haltung ist in der Welt der Wirtschaft gelinde gesagt ungewöhnlich. Der Red-Bull-Gründer ist eben, wenn man es positiv ausdrückt, unkonventionell. Umgekehrt könnte man auch sagen, er ist ein Eigenbrötler: Konsequent ging er seinen Weg, auf dem er sich kaum von jemandem beirren ließ – ein typischer Stier. Kritik soll Mateschitz nicht dulden, schon gar nicht, wenn sie von außerhalb des Unternehmens und vielleicht noch dazu von Medien kommt. Und es soll auch vorkommen, dass er manches persönlich, zu persönlich nimmt. Bei Wutanfällen sollen schon mal Gegenstände durch den Zigarrensalon des *Hangar 7* fliegen, Mateschitz' Lieblingsraum im inoffiziellen zweiten Red-Bull-Hauptquartier. „Er ist ein absolutes Alpha-Tier“, beschreibt ihn ein ehemaliger langjähriger Mitarbeiter. Wer eine Idee durchsetzen wolle, müsse diese so präsentieren, dass Mateschitz am Ende den Eindruck habe, er sei auf den Gedanken gekommen.

Auf der anderen Seite ist der Oberbulle zumindest nach außen hin jederzeit bereit, Kompetenzen abzugeben. *Der Spiegel* fragte ihn einmal, welche Rolle er als Besitzer zweier Formel-1-Teams zu spielen gedenke. Die Antwort war einigermaßen überraschend: „Keine. Sie werden mich sicher nie mit Funkgerät, Headset und Stoppuhr an der Boxenmauer stehen sehen. Das wird den Experten vorbehalten sein.“ Das bedeutet aber nicht, dass Mateschitz nicht ständig seine wachsamen Augen über sein Imperium schweifen lässt. Dem *Format* erklärte er einmal: „Ich bin so etwas wie die Qualitätskontrolle von Verkauf, Marketing und Kommunikation. Solange etwas gut ist, muss ich es nicht sehen. Ist es aber schlecht und ich habe es nicht gesehen, fällt es jemandem auf den Kopf. Denn wenn er zu mir gekommen wäre, hätte ich ihm vermutlich sagen können, wie es besser gewesen wäre.“ Das klingt fast so, als könne Mateschitz als Chef bisweilen ziemlich unangenehm werden. „Er ist sehr kritisch, aber auch sehr fair und inhaltlich sehr genau. Er ist nicht überheblich, hört genau zu und wird nie laut“, beschreibt ihn ein Ex-Red-Bull-Angestellter.

Die fliegende Sportskanone

Der Oberbulle betont stets, es sei ihm bei der Gründung und beim Auf- und Ausbau seines weltumspannenden Konzerns nie allein um Geld gegangen, sondern vielmehr um Unabhängigkeit, um das Gefühl der Freiheit. Dieser Drang gilt nicht nur für das Geschäft, sondern auch für das Privatleben des Dietrich Mateschitz. Seine Leidenschaften sind vor allem die Fliegerei und der Motorsport. Beides Bereiche, die vor allem etwas für „richtige Männer“ sind: Hier kann ein Mann noch zeigen, was einen Mann ausmacht. Am Steuer eines Hubschraubers oder Motorrades findet man das Gefühl von Freiheit und Unabhängigkeit.

Die Leidenschaft zur Fliegerei soll durchaus praktische Wurzeln haben. Er sei einmal auf der Autobahn in einem Stau gesteckt, erzählte Mateschitz. Als ein Privatflugzeug die Kolonne überflog, habe er spontan beschlossen, den Pilotenschein zu machen. Anderen Berichten zufolge soll Gerhard Berger die Leidenschaft zur Fliegerei entfacht haben. Wie auch immer: Mittlerweile verfügt Mateschitz über die Lizenzen zum Steuern von einmotorigen Flugzeugen und Hubschraubern. Bei manch einer Veranstaltung landet er mit einem Helikopter und entsteigt von attraktiven jungen Damen begleitet dem Fluggerät. Dietrich Mateschitz gibt sich bisweilen als Macho und liebt starke Auftritte.

Zu ebener Erde hat der Oberbulle einen Hang zum Motorsport. Er attestiert sich selbst ein „Wrummwrumm-Syndrom“, sitzt gerne am Steuer, sieht aber auch gerne zu. Einmal erzählte er von seinem tollsten Sporterlebnis als Zuschauer: Dieses habe er in Madrid gehabt, als Freestyle-Motocrosser, die *Red Bull X*-Fighters, in einer riesigen Stierkampfarena durch die Lüfte flogen: „Da wollen Leute wie Mad Mike Jones einen doppelten Salto fliegen, zum ersten Mal, ohne dass er das vorher auch nur einmal zusammengebracht hätte. Nur aufgrund dieser Kulisse, weil's ihm egal ist, wie er wieder aufkommt unten. Es ist ganz einfach unglaublich.“

Auch abseits der Rennstrecken und Start- und Landebahnen liebt es Mateschitz sportlich bis extremsportlich, wobei er das eine oder andere Mal schon sehr hart an seine persönlichen Grenzen ging und dabei auch sein Leben aufs Spiel setzte. Beim Surfen in Thailand wurde er einmal durch ablandige Strömung immer weiter von der Küste abgetrieben. Bei starkem Wind habe er das Segel kaum mehr aus dem Wasser gebracht: „Nach vier Stunden Kämpfen hab ich's einmal noch aufderzogen, einmal noch derstanden, einmal noch einderhängt, und dann bin ich durch irgendeinen glücklichen Zufall, ohne noch mal zu stürzen, diese sieben, acht Kilometer zurück ans Land gekommen, 20 Kilometer weiter oben oder unten, als ich weggefahren bin. Ich bin noch fast zwei Jahre dran erinnert worden, weil die Muskeleinrisse in den Unterarmen haben bei der kleinsten Anstrengung gleich wieder wehgetan." Ein anderes Mal überschätzte Mateschitz beim Helikopter-Skiing seine Fähigkeiten: „Ich war zwei-, dreimal in Situationen, wo ich dann nachher, als ich wieder im Flugzeug gesessen bin, derartig dankbar und glücklich war, dass ich noch Hände, Füße und meinen Kopf drauf hab, dass ich mir gedacht hab, das war eine gute Erfahrung, aber damit will ich's gut sein lassen." Mann muss halt alles einmal ausprobiert haben, vor allem wenn er Dietrich Mateschitz heißt und der weltweit größte Sponsor von Extremsportarten ist.

Möglich sind solche Erlebnisse nur, weil der Oberbulle auf seinen Körper achtet, sich fit hält und für einen Über-60-Jährigen erstaunlich gut in Form ist. Eigenen Aussagen zufolge verbringt er fünfmal pro Woche jeweils zwei bis drei Stunden mit einem persönlichen Trainer in der Kraftkammer: „Ich bin von Natur aus mit so was von einer Faulheitskomponente ausgestattet, dass ich allein nichts mach. Und als ich mit dem Gewicht immer höher, höher gekommen bin und mit meiner Kondition immer weiter runter, musste was passieren. Alles, was mir im Leben Spaß macht, ist mit einer gewissen körperlichen Fitness verbunden und mit einem körperlichen Wohlbefinden. Und so ist es reiner Egoismus, dass ich was für meine Fitness tu, sicher nicht aus Ehrgeiz. Ich geh gerne auf den Berg, ich geh gern Schi fahren, geh gern segeln, fahr gern Motorradl, ich tu gern blödln – und alles ist mit einem Minimum an körperlicher Beweglichkeit, Motorik, Geschicklichkeit, Kraft, Ausdauer verbunden. Um es outdoor genießen zu können, brauch ich das Indoor-Programm."

Outdoor lässt es Mateschitz gerne krachen. Verächtlich blickt er auf jene Sportart, die in seinen Kreisen und unter Alterskollegen äußerst beliebt ist: auf Golf. „Weil noch ist es so, dass man bei dem, was wir tun, a bissl dreckig werden darf, schwitzen darf, sich ab und zu a bissl aufschürfen darf." Dennoch ist er Teilhaber an einer Gesellschaft, die südlich der Stadt Salzburg einen Golfplatz bauen und betreiben will.

Mateschitz und die Frauen

Hübsche Frauen spielten bei der Präsentation von Red Bull stets eine wichtige Rolle. Auch Mateschitz ist oft von attraktiven, jungen Damen umgeben – er scheint diese Auftritte bisweilen auch selbst zu inszenieren und durchaus zu genießen. Wer reich und berühmt ist, der bringt die Gerüchteküche schnell zum Brodeln. Würden all die Affären stimmen, die man dem Oberbullen nachsagt, bräuchte dieser sein Getränk wirklich dringend. Tatsache ist aber auch, dass er kein Kostverächter ist, was das weibliche Geschlecht betrifft, und auf viele Frauen anziehend wirkt: Er hält sich in Form, sieht daher für sein Alter blendend aus, hat Ausstrahlung, Esprit, Witz und hervorragende Manieren. Dazu kommt noch sein enormes Vermögen. Frauenherz, was willst du mehr?

Mateschitz war trotz seines mittlerweile reifen Alters nie verheiratet und ist damit einer der begehrtesten Junggesellen der Alpenrepublik. Daran wird sich wohl auch in naher Zukunft nichts ändern, schließlich ist er ein erklärter Gegner des Ehestandes. Böse Zungen behaupten, er wolle sich nur eine teure Scheidung ersparen. Allerdings gibt es sehr verdichtete Gerüchte, die von zumindest fünf längeren Beziehungen wissen wollen, die der Oberbulle seit seinem wirtschaftlichen Aufstieg mit wesentlich jüngeren Frauen gehabt haben soll. Zumindest eine davon ist belegbar: Sohn Mark kam im Jahr 1993 zur Welt. Gerüchten zufolge soll Mateschitz auch zwei erwachsene Töchter haben, für deren Existenz es jedoch keine Belege gibt.

Von seinen Freundinnen scheint sich Mateschitz im besten Einvernehmen getrennt zu haben. Es gibt kein Interview, keinen einzigen Satz, in dem sich eine der Damen negativ über ihn äußert. Zufall? Eine der mutmaßlichen ehemaligen Partnerinnen führt in der noblen Salzburger Getreidegasse ein Modegeschäft und darf auch zu Partys in den *Hangar 7* einladen. Mieter des Hauses in der Altstadt ist „zufällig" die *Dietrich Mateschitz Verwaltungs KG*, die die Boutique an die Mateschitz-Ex untervermietet. Eine andere angebliche Verflossene betreibt den Berggasthof *Winterstellgut*, der Dietrich Mateschitz gehört. Offiziell bestätigt oder durch Fotos bzw. Filmaufnahmen belegbar ist keine einzige Beziehung. Die internationale Klatschpresse würde wohl Höchstpreise für „Beweise" einer Affäre zahlen.

Seit 2008 hat Mateschitz offenbar eine Beziehung mit der Angestellten eines Reisebüros, das im größten Einkaufszentrum des Landes Salzburg untergebracht ist. Die Dame ist Jahrgang 1977, könnte also locker Mateschitz' Tochter sein, und ist laut Reisebüro-Homepage Spezialistin für alle möglichen Reisen. Ansonsten ist im Internet über sie nicht viel zu erfahren. Er habe noch nie erlebt, dass das Netz so von einer Person gesäubert worden sei, erzählte ein Online-Experte dem Verfasser dieses Buches. Die beiden sollen einander über die Aktivitäten der jungen Dame beim Volleyballverein in Fuschl am See kennen gelernt haben. Später soll diese sogar bei Ehegegner Mateschitz eingezogen sein.

Der Mäzen

Wann immer es in Salzburg um ein Großprojekt geht, für das privates Geld benötigt wird, ist sehr schnell von Red Bull oder Dietrich Mateschitz die Rede. Der Wahl-Salzburger hat hierzulande so etwas wie die Rolle des Onkels aus Amerika in alten deutschen Filmen inne. Er wird mit Anfragen, ob denn nicht eine Kooperation möglich sei, und Bettelbriefen überschüttet. Kritiker werfen Mateschitz vor, er engagiere sich nur, wenn es ihm oder Red Bull Vorteile bringe. Ganz so kann man das nicht stehen lassen. Es ist nämlich nicht allgemein bekannt, dass der Oberbulle Großsponsor der *Paracelsus Medizinischen Privatuniversität Salzburg (PMU)* ist. Er spendete anlässlich der Gründung den stattlichen Betrag von 3,3 Millionen Euro. Zudem übernimmt er seit Ende 2002 einen Teil der Ausfallshaftung. Ohne diese Garantie wäre die Gründung der *PMU* im Jänner 2003 – der Studienbetrieb begann im Wintersemester 2003/04 – gar nicht möglich gewesen. Die *PMU* scheint Mateschitz ein großes Anliegen zu sein. Ihre Veranstaltungen gehören zu den wenigen Terminen, die er regelmäßig persönlich wahrnimmt.

Gemeinsam mit seinem Freund, dem ehemaligen Weltklasse-Motocrosser und Rallye-Biker Heinz Kinigadner, trägt der Red-Bull-Gründer zudem seit 2005 die Stiftung *Wings for Life*. Diese unterstützt Wissenschafter und Projekte, die sich mit dem menschlichen Rückenmark beschäftigen, „mit dem Ziel, die Forschung und den medizinisch-wissenschaftlichen Fortschritt zur künftigen Heilung von Querschnittslähmung als Folge von Rückenmarksverletzungen (Spinal Cord Injury Paralysis – SCI) zu fördern und zu beschleunigen", wie es auf der Homepage heißt. Wissenschaftlicher Direktor ist der Neurologe Jan Schwab von der *Charité*, dem Universitätsklinikum Berlin.

Hintergrund der Stiftung ist, dass es vor allem im (Motor-)Sport zu vielen Verletzungen kommt, die letztlich in einer Querschnittslähmung münden. Heinz Kinigadner hat dazu sehr persönliche Bezüge: Sein Sohn Hannes wollte in die Fußstapfen seines Vaters treten, stürzte aber 2003 bei einem Benefizrennen schwer und sitzt seitdem im Rollstuhl. Das Unglück des damals erst 19-Jährigen bewog Heinz Kinigadner dazu, seine eigene aktive Karriere als Rallye-Biker zu beenden. Der Vollblut-Biker hat sich seitdem nie wieder auf ein Motorrad gesetzt. Gemeinsam mit Mateschitz rief Kinigadner *Wings for Life* ins Leben: „Ich hätte wahrscheinlich auch allein eine Stiftung ins Leben gerufen, aber durch die Möglichkeiten und die Kraft des Dietrich Mateschitz hat alles ein viel größeres Momentum bekommen. Didi war noch vor mir im Operationssaal beim Hannes. Didi hat vom ersten Moment an alles Menschenmögliche in Bewegung gesetzt", erzählte Kinigadner in einem *Hangar 7 Journal*. Bereits seit 1984 ist Bruder Hans Kinigadner seit einem Sturz bei einem Motocross-Rennen querschnittgelähmt. Heinz Kinigadner selbst hatte in seiner Karriere stets Glück im Unglück: Trotz insgesamt 46 (!) Knochenbrüchen blieb ihm ein schwerer Folgeschaden erspart.

Dietrich Mateschitz wäre nicht Dietrich Mateschitz, würde seine Stiftung neben gewöhnlichen Golf-Charity-Turnieren nicht auch spektakuläre Sport-Events organisieren, bei denen Geld gesammelt wird. Bei diesen taucht dann auch der Name Red Bull auf, wie etwa *Red Bull Battle of Kings*. Damit wären wir wieder bei der Kritik, der Oberbulle engagiere sich nur, wenn es ihm oder seinem Unternehmen etwas bringe. Andererseits ist es sicherlich bedeutend einfacher, unter dem Dach von Red Bull Geld für einen guten Zweck zu sammeln als unter dem Titel einer Privatstiftung, deren Name nicht unbedingt jedermann bekannt ist. Ihren Sitz hatte *Wings for Life* anfangs in der Red-Bull-Zentrale in Fuschl am See. Später übersiedelte die Stiftung in ein repräsentatives Gebäude am Rand der Salzburger Altstadt. Auf dem Schild an der Einfahrt zum Grundstück prangt neben dem Schriftzug *Wings for Life* auch das Logo mit den beiden Stieren. Red Bull stellt der Stiftung die Verwaltung und das ärztliche Büro kostenlos zur Verfügung. „Das heißt, jeder Spenden-Euro kommt zu hundert Prozent einem punktgenauen Forschungsprojekt zugute“, betont Kinigadner.

Ausblick:
Wohin der Bulle fliegt

Aktuell wandern mehr als vier Milliarden (!) Red-Bull-Dosen pro Jahr über die Ladentische und Bars dieser Welt – Tendenz: steigend. Gibt es für das nach Gummibärchen schmeckende Getränk eigentlich keine Grenzen des Wachstums? Lange Zeit schien es so zu sein, doch im Krisenjahr 2009 ging der Umsatz zum ersten Mal zurück, um 2010 wieder stark nach oben zu klettern. Keine Frage: Das Potenzial ist noch immer groß. Im Jahr 2006 trank der durchschnittliche Amerikaner drei Dosen Red Bull pro Jahr, in Österreich lag der Pro-Kopf-Verbrauch im selben Jahr bei 16 Dosen. Gelingt es Dietrich Mateschitz, in den Vereinigten Staaten, seinem wichtigsten Markt, einen auch nur annähernd großen Wert zu erreichen, sollten allein dort drei Milliarden Dosen pro Jahr abgesetzt werden können.

Sehr viel erwartet man sich in der Konzernzentrale in Fuschl am See zudem von China, Indien, Brasilien und dem japanischen Markt. Das Land, aus dem die Rezeptur ursprünglich kommt, sei die letzte große Herausforderung gewesen, sagte Dietrich Mateschitz einmal in einem Interview. Wer die konsumverrückten Japaner und ihren Hang zu westlichen Produkten kennt, kann getrost davon ausgehen, dass Red Bull auch im Land der aufgehenden Sonne in den kommenden Jahren Hunderte Millionen Dosen pro Jahr absetzen wird.

Mit der Eroberung Japans ist die Markteinführung im Großen und Ganzen weltweit abgeschlossen. Seine Vision, nämlich eine globale Getränkemarke zu etablieren, sei damit aber keinesfalls erfüllt, sagte Mateschitz den *Salzburger Nachrichten*: „Es kommt eine vielleicht sogar schwierigere Phase der Unternehmensentwicklung: Wir müssen das Erreichte halten, uns an niedrigere Wachstumsraten gewöhnen. Und wir müssen unsere Markenstrategie anpassen. Wie viele unserer Nutzer ist auch die Marke erwachsen geworden.“ Daher setzt Red Bull eben nicht mehr nur auf Techno und Extremsport, sondern auch auf Bereiche wie Fußball oder Formel 1, die zudem global die wichtigsten Sportarten sind.

Dazu kommt, dass die jährlich steigenden Umsätze nicht mehr in so großem Maße in die Einführung in diversen Märkten fließen müssen wie noch vor wenigen Jahren. Das schafft finanziellen und damit auch unternehmerischen Spielraum. Mateschitz hat bereits angekündigt, sein Imperium auf noch breitere Beine stellen zu wollen. Dabei denkt er zum einen daran, den Sportbereich weiter auszubauen. Zum anderen interessieren ihn das Verlagswesen und die elektronischen Medien Internet, mobile Kommunikation und Satellitenfernsehen – alles Bereiche, die noch stärker ausgebaut werden sollen. Red Bull könnte sich also binnen weniger Jahre vom derzeitigen Getränke-, Marketing- und Sportkonzern auch noch zum Big Player im Medienbereich mausern. Daneben soll auch das Hauptprodukt weiter boomen.

Bei Erscheinen dieser überarbeiteten Taschenbuch-Ausgabe ist Mateschitz 67 Jahre alt. Wie lange hält er noch die Zügel als Chief Executive Officer in der Hand? Der Gründer des weltweiten Dosen-Imperiums ist Jahrgang 1944 und damit in einem Alter, in dem der allergrößte Teil der heimischen Bevölkerung bereits in Pension ist. Hinter den Kulissen hört man immer wieder, der gebürtige Steirer hätte sich ohnehin schon großteils aus dem operativen Geschäft zurückgezogen. Er soll sich nur mehr drei Tage pro Woche im Büro aufhalten. Andererseits repräsentiert er noch immer Red Bull nach außen – etwa beim Gewinn des WM-Titels in der Formel 1, als Mateschitz zum ersten Mal auch im Fernsehen zu hören war. Anlässlich des 20. Jahrestages des Markteintritts meinte er gegenüber dem *Standard*, die Marke sei so jung wie am ersten Tag. „Das kann man zwar von mir nicht sagen, Spaß macht es mir dennoch mehr denn je." Dennoch ist klar, dass sich in den nächsten Jahren die Frage nach einem oder mehreren Nachfolgern stellt. Wie es mit Red Bull nach ihm weitergeht, sei durch die Installierung eines dreiköpfigen Board of Directors geklärt, betont Mateschitz.

Allerdings ist damit noch nicht garantiert, dass das Red-Bull-Imperium nach dem Rückzug seines Gründers in seiner derzeitigen Form bestehen bleibt. Noch hält die *Red Bull GmbH* als Konzernmutter die Zügel in der Hand. Was passiert nach Mateschitz? Erhalten die verschiedenen *Corporate Projects*, die schon jetzt als eigenständige Unternehmen agieren, noch mehr Freiheiten? Gibt es vielleicht sogar Machtkämpfe unter den potenziellen Nachfolgern? Entwickelt der Konzern eine so große Breite, dass er de facto unregierbar wird? Zerfällt er gar in ein lockeres Konglomerat unterschiedlicher Unternehmen? All diese Fragen wird sich Dietrich Mateschitz wohl auch schon in irgendeiner Form gestellt haben, wenngleich er nicht daran denkt, sie öffentlich zu diskutieren.

Eines hat er jedoch wiederholt kategorisch ausgeschlossen: einen Ausstieg aus dem Unternehmen in Form des Verkaufs seiner Anteile. „Die Frage lasse ich fast nicht zu", meinte er gegenüber dem Wirtschaftsmagazin *Format*. „Wir hätten das schon gut ein Dutzend Mal tun können; unsere Ansicht hat sich diesbezüglich nicht geändert. Wir haben weder die Lust dazu, noch besteht die Notwendigkeit. Aber natürlich kann man nie ‚nie' sagen. Strategische Minderheitsbeteiligungen können durchaus Sinn machen."

Mateschitz betont, hier auch für seine thailändischen Partner zu sprechen. Wechselseitig haben sich die Gesellschafter abgesichert, indem sie in Fragen von Anteilsverkäufen ein Einstimmigkeitsprinzip verankert haben. Auch einen Börsengang hat Mateschitz immer wieder kategorisch ausgeschlossen: Red Bull habe weder Finanzbedarf, noch hätten die Gesellschafter die Absicht, ihre Anteile zu Geld zu machen. Ein Verkauf oder ein Börsengang seien „nicht einmal ansatzweise verlockend". Red Bull scheint also auch in Zukunft ein rein privates und damit auch unabhängiges Unternehmen zu bleiben.

Bleibt am Schluss nur mehr eine Frage offen: Ist Red Bull ein singuläres Ereignis in der Wirtschaftsgeschichte? Ein Erfolg, der sich nie mehr wiederholen lässt? Johann Kastner, der geistige Vater der Red-Bull-Werbung, sagt dazu, Red Bull habe „gezeigt, was möglich ist, wenn man sich nicht an die Regeln hält". Prinzipiell könne sich diese Geschichte mit einem anderen einzigartigen Produkt auch wiederholen. Nachsatz: „Allerdings fehlt vielen Unternehmern die Risikobereitschaft und der unerschütterliche Glaube an sich selbst." Selbstvertrauen und Risiko zahlen sich also in der Wirtschaft aus, zumindest im Fall von Red Bull.

Franz Mathis
Reiches Österreich
Fleiß oder Glück – warum geht es uns so gut?
HAYMONtaschenbuch 74
152 Seiten
€ 9.95/sfr 15.90
ISBN 978-3-85218-874-4

Das Geheimnis des österreichischen Wohlstands – sachlich fundiert und verständlich erklärt:
Wem verdanken wir unseren Wohlstand? Unseren Regierungen, uns selbst, der Natur – oder etwa dem Schicksal? Ist Österreich wohlhabender als viele andere Länder, weil wir tüchtiger, fleißiger, gebildeter sind? Oder haben wir ganz einfach nur Glück gehabt? Der Wirtschafts- und Sozialhistoriker Franz Mathis, führender österreichischer Experte auf seinem Gebiet, begibt sich auf die Spur jener Faktoren, die den Entwicklungsprozess der österreichischen Wirtschaft verursachten und vorantrieben. Seine Befunde werden vielleicht überraschen. In jedem Fall aber regen sie dazu an, unsere eigenen und die Leistungen unserer Vorfahren grundlegend zu überdenken, und lassen uns jene Menschen und Gesellschaften besser verstehen, die nicht so viel Glück hatten wie wir.

Oliver Rathkolb
Die paradoxe Republik
Österreich 1945 bis 2010
HAYMONtaschenbuch 67
368 Seiten
€ 13.95/sfr 21.90
ISBN 978-3-85218-867-6

„Das Buch, kaum erschienen, wird bereits als Standardwerk gehandelt.“ (Die Zeit) – mit dieser Ausgabe erscheint Oliver Rathkolbs Werk zur Geschichte der Zweiten Republik nun in einer kompakten, grundlegend aktualisierten und gekürzten Neufassung, die bis in die unmittelbare Gegenwart reicht. In den vergangenen Jahrzehnten haben die Bilder, in denen sich Österreich spiegelte, gewechselt – vom „Bollwerk des Deutschtums im Osten“ über die „Brücke zwischen den großen politischen Blöcken“ zur „Insel der Seligen“ bis hin zum Außenseiter der EU. Als einer der renommiertesten österreichischen Historiker und zugleich hautnaher Zeitzeuge ergründet Rathkolb in zehn Kapiteln Kernthemen österreichischer Politik und Zeitgeschichte in den letzten sechzig Jahren. Darüber hinaus zeichnet er die Profile der Kanzler und wirft einen kritischen Blick auf die Perspektiven der Zukunft.

Robert Sedlaczek
Wörterbuch der Alltagssprache Österreichs
HAYMONtaschenbuch 73
336 Seiten
€ 12.95/sfr 18.90
ISBN 978-3-85218-873-7

Tauchen Sie ein in den Wortschatz der österreichischen Alltagssprache! Hier werden mehr als 1.000 Wörter und Redewendungen vorgestellt: von „jemanden buckelkraxen tragen“ bis „ein Sprung in der Marille“, von „das Amtskappl aufhaben“ bis „in den Guglhupf kommen“. Mit amüsanten Beispielen aus Schlagertexten, Kabarettprogrammen und Reden von Politikern. Und wenn Sie wissen wollen, woher ein bestimmtes Wort kommt – auch darüber gibt dieses Wörterbuch Auskunft. So stammt „Kramadanzen“ aus der Ritterzeit, „Tschusch“ war ursprünglich gar kein Schimpfwort und „Nudelaug“ ist von Mundl Sackbauer nicht erfunden, sondern nur verbreitet worden. Gleichermaßen sachlich wie unterhaltsam ist dieses Buch das ultimative Nachschlagewerk für Einheimische und „Zuagroaste“ – schlichtweg für jeden, der die lebendige, authentische Sprache Österreichs kennenlernen will.

www.haymonverlag.at